성경의 이해

창세기에서 요한계시록까지

THE BIBLE UNDERSTANDING

권기호 지음

엘맨

성경의 이해

초 판 1 쇄 | 2023년 3월 30일

지 은 이 | 권 기 호
펴 낸 이 | 이 규 종
펴 낸 곳 | 엘맨출판사
등 록 제10-1562(1985. 10. 29)
주 소 | 서울 마포구 토정로222 422-3
전 화 | 02) 323-4060
팩 스 | 02) 323-6416
이 메 일 | elman1985@hanmail.net
홈페이지 | www.elman.kr
I S B N | 978-89-5515-056-8
정 가 | 14,000 원

추천사

요 1:1에서 '.... 이 말씀이 곧 하나님이시다'라고 말씀하고 있습니다.

권기호 목사님께서 집필하신 '성경의 이해'는 이러한 하나님의 말씀을 기록한 성경을 어떻게 배우고 익혀야 할 것인가를 쉬우면서도 알차게 소개하고 있습니다.

목사님께서 수십 년을 고민하고 연구하신 노력의 산물인 '성경의 이해'는 성도들이 미처 깨닫지 못하고 지나치는, 성경이 66권이면서 1권이라는 사실을 일깨워서 하나님께서 성경의 처음과 끝을 통해 성도들에게 주시고자 하시는 뜻을 명료하게 깨닫게 하고 있습니다.

하나님께서 권기호 목사님에게 특별하게 깨닫게 하신 이 책은 성도들로 하여금 하나님의 뜻을 산뜻하게 각인시키는 놀라운 효력을 발휘합니다. 이 책을 접하는 성도들은 성경의 통일성과 다양성을 단숨에 이해하고 알게 되어 성도들에게 향하신 하나님의 마음을 알게 되고 성경을 보는 눈이 활짝 열리게 될 것입니다. 이 책을 수시로 접하여 성경을 이해하는 새로운 지평이 열리기를 권합니다.

기독교대한하나님의성회성경총회

총회장 목사 정순경 박사

2023. 1.

지금까지 한국교회 성경교육의 한 축은 신·구약 성경 개관이었다고 해도 과언이 아닙니다. 성경 전체를 개관한 책도 많고 교회마다 성경 개관이 유행(?)하고 있는 것이 그 증거입니다. 하지만 성경 전체를 개관한 책들을 보면 성경 각권의 단락을 나누어 대주제와 소주제를 열거하는 방식이 대부분이었습니다. 그 중에는 대주제와 소주제를 인위적으로 통일시키려고 시도하는 책들도 있습니다.

이런 문제점을 보완하고 새로운 개관을 시도한 책이 드디어 모습을 드러냈습니다. 바로 권기호 박사가 집필한 '성경의 이해'라는 책입니다. 이 책에서 저자는 창세기부터 말라기, 마태복음부터 요한계시록의 처음과 끝, 또한 신·구약 전체가 수미상관을 이루고 있다는 사실을 도표와 요약을 통해 보여줍니다. 동일한 방식으로 성경 전체가 한 권의 책이며 구속사로 이루어졌음을 일목요연하게 설명해줍니다. 때문에 '성경의 이해'라는 책은 성경 전체가 통일성과 다양성을 통해 어떻게 한 권의 책과 하나의 주제로 연결되는지를 볼 수 있는 통찰을 제공해줄 것으로 확신합니다. 모쪼록 성경 전체의 흐름을 파악하고 싶은 모든 성도들, 주일학교 교육을 담당하는 교사들, 새로운 방식의 개관을 통해 신·구약 성경을 연구하고 싶은 신학생들, 특히 성경 전체를 개관하는 성경공부를 시작하려는 한국교회에 이 책이 길라잡이 역할을 할 것으로 기대하며 기쁜 마음으로 추천합니다.

이병권 박사

머리말

이 세상에서 가장 권위 있는 것 중의 하나가 바로 성경입니다. 그러나 안타깝게도 점점 "성경의 권위"가 무너지고, 소외되고 있습니다. 이러한 시대에 다시금 "성경의 권위"를 회복해야 합니다. 성경의 권위를 회복하기 위해서 절대적으로 필요한 것이 성경에 대한 바른 이해입니다. 성경에 대한 전체적인 바른 이해는 절대로 쉬운 것이 아닙니다. 한마디로 성경은 대단히 어렵습니다.

왜 성경이 어렵습니까? 그것은 첫째, 역사적 간격 때문입니다. 성경의 기록된 시기와 오늘 우리와의 역사적 간격이 너무나 멀기 때문입니다. 둘째, 문화적 간격 때문입니다. 성경이 기록된 문화와 오늘 우리와의 문화적 간격이 너무나 크기 때문입니다. 셋째, 영적인 간격 때문입니다. 성경의 기록될 당시의 사람들과 오늘 우리와의 영적인 간격이 너무 심하기 때문입니다.

그러나 이러한 간격은 얼마든지 성경의 연구와 배움을 통해 그 간격을 좁혀 갈 수 있으며, 또한 성령의 도움을 통해 해결할 수 있습니다.

성경은 66권이면서 1권입니다. 통일성과 다양성을 가지고 있습니다. 또한 역사성과 점진성을 가지고 있습니다. 성경의 전체적인 맥을 잡아야 합니다. 창세기부터 요한계시록까지 성경을 올바로 이해야 합니다. 금번 '성경의 이해'의 출판을 통해 한국 교회에 작은 부분이지만 도움과 유익이 되었으면 하는 소원입니다.

특별히 이 책을 위해서 추천서를 써 주신 분들과 우리 가족들과 동료들, 지인들 그리고 엘맨 출판사 이규종 장로님에게 진심으로 감사를 드립니다.

목차 CONTENTS

주 예수의 은혜가 모든 자들에게 있을지어다. 아멘.

The grace of the Lord Jesus be with God's people. Amen.

요한계시록 22:21

01

성경의 처음과 끝

01 | 성경의 처음과 끝

성경의 이해 : 창세기 1:1, 요한계시록 22:21

서론 기독교에서 가장 중요한 것이 성경이다.
성경은 최고의 권위를 가지고 있다.

1) 성경이란 무엇인가?

- 첫째, 성경은 하나님의 말씀이다(딤후 3:16, 벧후 1:21).
- 둘째, 성경은 하나님의 계시이다(계 1:1, 요 5:39 46, 8:56, 행 19:43, 히 1:1-2).
- 셋째, 성경은 하나님의 규범이다(딤후 3:16-17, 요 6:68).
- 따라서 성경은 단순한 거룩한 책이 아니다. 하나의 스토리가 아니다. 성경은 기독교의 기초이다. 경전으로서 성경이며, 정확 무오한 말씀이 성경이다.

2) 성경이 왜 어려운 것인가?

- 첫째, 역사적 간격이 있기 때문이다.
- 둘째, 문화적 간격이 있기 때문이다.
- 셋째, 영적인 간격이 있기 때문이다.

- 따라서 성경 배움을 통해 이를 해결하며, 오직 성령의 도움을 구하는 것이 필요하다.

3) 성경 연구에는 어떤 방법이 있는가?

- 첫째, 성경을 하나님의 드라마 즉 구원사로 접근하는 것이다(통일성).
- 둘째, 성경을 현미경과 망원경식으로 접근하는 것이다(숲과 나무).
- 셋째, 성경을 각 권마다 구조적으로 접근하는 것이다(다양성).
- 따라서 성경을 신학적, 문학적, 역사적, 정경적 등 종합적으로 해석해야 한다. 그래서 성경 말씀을 듣고(롬 10:17, 행 10:44, 막 7:14, 요 5:25), 읽고(계 1:3, 신 17:19), 공부(행 17:11, 잠 2:4, 딤후 2:15), 암송(시 119:9, 11), 묵상(시 1:1-2, 수 1:8)하여 말씀을 적용하고, 순종해야 한다. 통독과 다독도 필요하지만 정독이 중요하다.

4) 성경을 이해하기 위한 사고방식이 무엇인가?

- 첫째, 헬라적 사고이다. 헬레니즘적 사고이다.
- 둘째, 히브리적 사고이다. 헤브라이즘 사고이다.
- 셋째, 기독교적 사고이다. 복음적 사고이다.
- 따라서 성경을 이해하기 위해서 성령 안에서 재해석할 수 있도록 인간의 사고를 변화시켜야 한다(고전 1:23-24, 2:2, 고후 10:4, 골 2:8).

5) 성경은 어떻게 구성이 되었는가?

- 첫째, 성경은 역사성과 점진성이 있다.
- 둘째, 성경은 통일성과 다양성이 있다.
- 셋째, 성경은 한 권이지만, 구약 39권과 신약 27권으로 되어 있다(1-66-3927).
- 따라서 성경은 서로 짝을 이루면서 대칭적 구조로 되어 있다(사 34:16).

성경 - 권위	
구약(옛 약속, 언약) 39권	**신약(새 약속, 언약) 27권**
율법서(5권) 창세기-신명기 역사서(12권) 여호수아-에스더 시가서(5권) 욥기-아가 선지서(17권) 이사야-말라기	복음서(4권) 마태복음-요한복음 역사서(1권) 사도행전 서신서(21권) 로마서-유다서 계시록(1권) 요한계시록
성경 - 토대	

옛 언약과 새 언약	구약	신약
율법과 복음(복음은 율법의 완성)	율법서(5)	복음서(4)
이스라엘의 역사와 초대교회의 역사	역사서(12)	역사서(1)
그리스도인의 생활을 위한 중요 원리	시가서(5)	서신서(21)
그리스도인이 가져야 할 비전	선지서(17)	계시록(1)

구약				신약			
율법서	역사서	시가서	선지서	복음서	역사서	서신서	예언서
하나님 나라의 시작	하나님 나라의 발전 과정	하나님 나라 백성의 경험과 지혜	하나님 나라 백성의 실패와 새 언약의 소망	하나님 나라의 성취	하나님 나라의 확장	하나님 나라 백성의 신앙과 삶	하나님 나라 백성의 영적 전쟁과 하나님 나라 완성

- 또한 성경은 서로 수미상관(inclusio)을 이루고 있다. 성경은 한 권으로 하나의 큰 물줄기로 구원사 혹은 구속사, 계시사로 이루어져 있다.

서막	제1막	막간	제2막	종막
(창 1-11장)	(창 12장-말라기)	(중간사-마카비)	(마태-유다서)	(계시록)

- 그리고 성경은 에덴동산에서 시작하여 새 예루살렘으로 끝이 나고 있다. 하나님의 나라 시작에서 하나님 나라의 완성으로, 에덴의 시작과 에덴의 회복으로 끝을 맺고 있다. 그 사이에 구원의 점진적 계시가 나타나 있다. 성경 전체에 '이루었다'는 3번의 말씀으로 요약할 수 있다(창 2:1, 요 19:30, 계 21:6). 그러므로 성경은 예수 그리스도를 중심으로 구약성경은 오실 그리스도를 말씀하고, 신약성경은 오신 그리스도와 다시 오실 그리스도에 대해서 말씀하고 있다. 성경의 핵심은 예수 그리스도이다(요 5:39, 46, 눅 24:44). 이것을 도표로 그

리면 다음과 같다.

성경(66권)
총 주제 : 예수 그리스도

구약 : 오실 메시아 약속

하나님은 여호와이시다.

신약 : 오신 메시아 성취

예수님은 그리스도이시다.

창세기 1-2장	창세기 3장 - 계시록 20장	계시록 21-22장
에덴의 창조	엉망진창인 세상, 타락과 멸망이다.	에덴의 회복

창세기와 요한계시록(처음과 끝)의 수미상관, 대칭적 구조				
창세기 1-2장	창조	⇔	새 창조	계시록 21-22장
창세기 3장	죄의 시작	⇔	죄의 종결	계시록 20장
창세기 4장	창세기 4장-요한계시록 19장 예수님의 십자가 대속으로 인한 죄의 구원 과정			계시록 19장

6) 그렇다면 성경 전체의 처음 부분은 어디인가?

- 구약성경의 창세기이다. 그것은 창세기 1:1이다.
- 구약성경의 마지막은 말라기이다. 그것은 말라기 4:6이다.
- 따라서 구약성경은 창조로 시작하여 저주로 끝을 맺고 있다. 아멘이 없다.

7) 또한 성경 전체의 마지막 부분은 어디인가?

- 신약의 요한계시록이다. 그것은 요한계시록 22:21이다.
- 신약의 시작은 마태복음이다. 그것은 마태복음 1:1이다.
- 따라서 신약성경은 족보로 시작하고, 은혜로 끝을 맺고 있다. 아멘이 있다.

1. 성경 전체의 첫 절

1) 창세기 1:1이다. "태초에 하나님이 천지를 창조하시니라"(בְּרֵאשִׁית בָּרָא אֱלֹהִים אֵת הַשָּׁמַיִם וְאֵת הָאָרֶץ׃, In the beginning God created the heavens and the earth).

2) 창세기 1:1은 창조 기사의 개시이며, 창세기의 시작이며, 성경 전체의 첫 절이다. 첫 관문이다. 아주 간단하지만, 참으로 위대한 대 선언이다.

3) 창세기 1:1은 히브리어 '7단어'로 되어 있다.

- 첫째, '누가'이다. '하나님'이다. 원문이나, 우리말 개역개정은 '태초에'로 시작하지만, 주어는 '하나님'이다. 하나님의 존재를 선언하고 있다. 하나님이 온 우주의 통치자이심을 선언하고 있다. 하나님은 한 분임을 선언하고 있다. 장엄하고, 위대한 하나님이시다.
- 둘째, '언제'이다. '태초에'이다. 시간의 출발이다. 그 이전

은 영원이다. 원천적 창조 사건이 일어난 때를 가리키고 있다.

- 셋째, '무엇을'이다. '천지'이다. 하늘들과 땅이다. 하나님이 하늘이라는 공간을 만드셨다. 대기권과 궁창 이상을 가리키는 공간으로서 하늘이다. 또한 하나님이 땅이라는 물질을 만드셨다. 하늘과 대조되는 온 땅이다. 하나님이 천하의 모든 것을 하나도 빠짐없이 만드셨다.
- 넷째, '어떻게'이다. '창조'이다. '창조'란 오직 하나님께만 사용된 단어이다. 하나님의 놀라운 권능과 위엄을 강조하고 있다. 그것도 아무것도 없는 무에서 유를 만드시는 것이다. 어느 누구의 도움도 필요하지 않는다는 것이다.

4) 창세기 1:1은 무에서 유로의 창조를 통하여 생겨난 것이 현재와 같은 완성된 상태가 아니다. 엄밀하게 말하자면 '천지의 구성 물질들', 또는 '천지의 재료들'이라고 해야 옳다. 그러나 1:2이하에서 일단 무에서 유로의 천지 창조의 대상은 현재 우리가 보고, 그 안에 살고 있는 온 천지가 다 포함된다고 해도 괜찮다.

5) 창세기 1:1을 통해서 하나님은 우주 만물의 기본이 되는 세 요소 즉 시간과 공간과 물질을 제일 먼저 창조하셨다. 모든 창조 세계의 모든 만물이 창조주 하나님에 의해서 창조되었다. 영원한 태초부터 지금까지 살아계신 창조주 하나님이시다. 주권자, 소유자, 섭리자, 통치자이다.

6) 따라서 하나님은 창조주이시고, 우리는 피조물이다. 창조주 하나님은 우리의 연구 대상이나, 지식의 대상이 아니라, 경배와 찬양의 대상이다. 그러므로 우리는 창조주 하나님을 경배하고 예배해야 한다(사 43:21).

2. 성경 전체의 끝 절

1) 요한계시록 22:21이다. "주 예수의 은혜가 모든 자들에게 있을지어다 아멘"(Η χάρι" του' κυρίου' Iησου' μετὰ πάντων, The grace of our Lord Jesus be with God's people. Amen).

2) 요한계시록 22:21은 요한계시록 22장의 마지막이다. 또한 요한계시록의 마지막이다. 신약성경의 마지막이다. 성경 전체의 마지막이다. 대 완성의 종결이다.

3) 요한계시록 22:21은 요한계시록 1:5의 문안 인사로 시작하면서, 이제 그 끝을 인사로, 축복으로 끝을 맺고 있다.

4) 요한계시록 22:21도 헬라어 '7단어'로 되어 있다.

- 요한계시록 서두(1:5)에서는 '은혜와 평강'을 말씀했는데, 이제 22:21에서는 '그 은혜'만 강조한다. 일반적으로 은혜란 하나님의 선물이다.
- '무엇이'이다. '주 예수의 은혜'이다. 여기 소유격은 두 가지 해석이 가능하다.

- 하나는 주격 소유격이다. 주 예수께서 주시는 은혜이다. 주 예수로 말미암은 은혜이다.
  바로 대속의 은혜, 속죄의 은혜, 구원의 은혜, 십자가의 은혜이다.
- 또 다른 하나는 목적격 소유격이다. 주 예수를 위한 은혜이다. 주 예수가 목적이 되는 은혜이다. 바로 구원을 받은 감격적 은혜, 주 예수를 통해 은혜를 받고 주 예수를 위해서 사는 삶의 목적이다. 구원 받은 이후 생활의 은혜이다.
- 따라서 이 세상에서 그 어떤 것보다도 주 예수의 은혜가 가장 중요하다.
- '누구'이다. '모든 자들'이다. 여기 모든 자들은 이 두루마리의 예언의 말씀을 듣는 자들이고, 또한 오고 오는 만대의 교회까지도 포함하고 있다. 그래서 우리말 개역개정은 모든 자 앞에 2자가 있어서 난외주로 가면 어떤 사본에는 '성도들에게'라고 되어 있다.
- '어떻게'이다. '함께'이다. 함께 꼭 있어야 한다. 모든 성도들에게, 일곱 교회에게 꼭 함께 있어야 할 것은 다른 것이 아니라, 바로 주 예수의 은혜라는 것이다. 이것은 고린도전서 16:22-23과 비슷하다. 그러나 차이점은 고린도전서는 '너희'를 대상으로 하지만, 요한계시록은 '모든 자들'을 대상으로 하고 있다.

- 표준 원문과 시내 사본과 그 밖의 다른 사본에는 '아멘'이 있다. 그러나 UBS³판이나 NestleAland 25판에는 '아멘'이 없다. 여기에서 '아멘'이 있는 것이 바람직한 걸로 볼 수 있다. '아멘'은 참으로 진실되다는 의미이다. 이러한 주 예수의 은혜가 함께 하기를 아멘으로 끝을 맺고 있다. 구약 말라기의 끝은 저주이며, 아멘이 없다.

5) 따라서 요한계시록은 은혜로 시작하여(1:5) 은혜로 끝을 맺고 있다(22:21). 이렇게 성경 전체의 모든 창조의 완성을 은혜로 끝을 맺고 있다. 이것은 시작도 끝도 다 은혜가 아니면 안 된다는 것이다. 우리의 신앙에 가장 중요한 것이 바로 오직 은혜이다. 다른 것은 다 잃어 버려도 오직 은혜만큼은 함께 있어야 한다. 변함없는 주 예수의 은혜가 있어야 한다.

결론 성경은 한 권이다. 하나의 통일성을 가지고 있다. 특별히 성경의 처음 부분과 마지막 부분이 서로 수미상관(inclusio)을 이루고 있다.

1) 성경 전체의 첫 절이 창세기 1:1이다. 창세기 1:1로 성경 전체를 시작하고 있다. 하나님께서 하늘과 땅을 창조하심으로 피조 세계가 시작되었다. 이 말씀을 통해 우리는 하나님의 피조물임을 알게 된다. 물론 성경 전체의 첫 절인 창세기

1:1에는 사람이 존재하지 않지만, 지금은 사람이 존재하고 있다. 따라서 우리 인간은 하나님에 의해서 창조되어진 존재임을 확정하게 된다.

2) 성경 전체의 끝 절이 요한계시록 22:21이다. 요한계시록 22:21로 성경 전체의 끝을 맺고 있다. 우리말 개역개정에서는 '모든 자들'이라고 되어 있지만, 영어성경에서 'people' 이라는 단어가 확인되고 있다. 그리고 이 'people'에는 'God's' 라는 단서가 붙어있다. 즉 이 사람들은 단순한 모든 사람들이 아니라, 'God's People' 이므로 '하나님의 백성' 을 지칭하고 있다.

3) 그렇다면 우리는 이것을 통해 성경의 중간 페이지에는 하나님의 백성이 만들어지는 과정이 포함되어 있음을 알 수 있다. people과 God's people은 같은 집합일까 아닐까? 하나님이 만드신 사람들 중에 '하나님의 소유'가 아닌 사람도 있을까? 이것을 알아보려면 '그냥 people'이 가지지 못한, 'God's people'만이 가지는 속성을 알아야 한다.

- 성경 마지막 절은 하나님과 백성을 은혜 즉 'grace'라는 관계로 규정한다는 것을 발견하게 된다.
- 그 은혜의 관계가 'grace'에 'of Jesus'라는 수식이 붙어있으므로 바로 예수님으로부터 온 것이라는 것이다.

- 따라서 태초에 없었던 백성이 마지막에 존재하고 있으므로, 성경의 중간 부분에서는 이 백성들이 만들어지는 과정이 들어 있다는 것이다.

4) 그러므로 하나님이 처음 천지를 만드신 이유나 목적이 바로 마지막에 '백성의 창조'와 관련이 있다는 것이다. 결국 하나님의 목표는 천지가 아니라, '하나님의 백성'을 만드는 것이다. 그래서 성경의 중간 과정은 우리가 살고 있는 피조 세계의 역사가 오직 '하나님의 백성'을 만드시는 과정으로 요약할 수 있다. 이것을 도표로 그리면 다음과 같다.

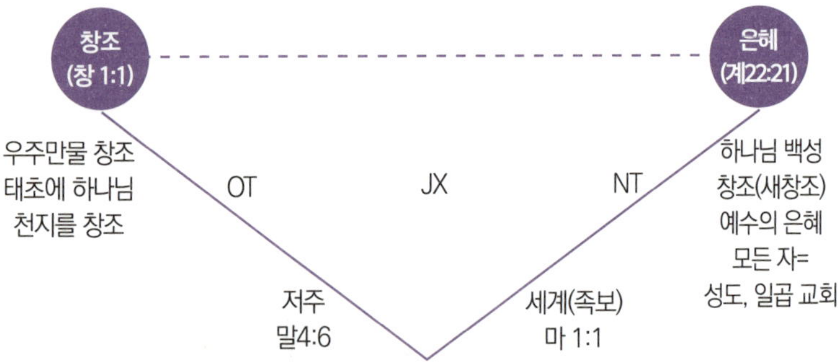

너희가 완악한 말로 나를 대적하고도 이르기를

You have spoken arrogantly against me

말라기 4:6

02

성경의 연결(연속)

02 | 성경의 연결(연속)

성경의 이해 : 말라기 4:6, 마태복음 1:1

서론 성경은 최고의 권위를 가지고 있다. 성경은 하나님의 말씀이다. 하나님의 계시이다. 하나님의 규범이다.

1) 성경에 대한 다양한 관점이 무엇인가?

- 첫째, 성경에는 하나님의 말씀도 있다. - 성경 위
- 둘째, 성경은 하나님의 말씀이 된다. - 성경을 안에
- 셋째, 성경도 하나님의 말씀이다. - 성경 옆
- 넷째, 성경은 하나님의 말씀이다. - 성경 아래

2) 성경의 특징적 원리에는 무엇이 있는가?

- 첫째, 통일성과 다양성이 있다.
- 둘째, 역사성과 점진성이 있다.
- 셋째, 연속성과 불연속성이 있다.

3) 성경의 접근 방법에는 무엇이 있는가?

- 첫째, 미시적과 거시적이 필요하다.

- 둘째, 현미경과 망원경이 필요하다.
- 셋째, 공시적과 통시적이 필요하다.
- 넷째, 귀납적과 연역적이 필요하다.

4) 성경의 해법 방법에는 무엇이 있는가?

- 첫째, 역사적 해석이다.
- 둘째, 문학적 해석이다.
- 셋째, 신학적 해석이다.
- 넷째, 정경적 해석이다.
- 다섯째, 종합적 해석이다.

5) 성경을 연구하는 목적이 무엇인가?(눅 24:13-35).

- 첫째, 삶의 변화이다.
- 둘째, 영적 안목이다.
- 셋째, 사명 확신이다.

6) 성경에 대한 구약의 모습이 무엇인가?(출 19:7-9).

- 첫째, 듣는 것이다.
- 둘째, 믿는 것이다.
- 셋째, 행하는 것이다.

7) 성경에 대한 신약의 모습이 무엇인가?(약 1:18, 21-25)

- '진리의 말씀으로 우리를 낳았다'(약 1:18).
- 첫째, 말씀을 받으라(1:21).
- 둘째, 말씀을 들으라(1:23).
- 셋째, 말씀을 행하라(1:22).
- 넷째, 말씀을 들여다보라(1:25).

8) 성경의 핵심은 무엇인가?

- 성경은 한 권이지만, 66권으로 되어 있다.
- 성경은 크게 두 부분으로 되어 있다.
  구약은 39권이며, 크게 네 부분으로 되어 있다. 율법서, 역사서, 시가서, 선지서이다.
  신약은 27권이며, 역시 크게 네 부분으로 되어 있다. 복음서, 역사서, 서신서, 계시록이다.
- 이러한 성경의 핵심은 바로 예수 그리스도이다(요 5:39, 46, 눅 24:44). 구약성경은 오실 예수 그리스도에 대해 말씀하고, 신약성경은 오신 예수 그리스도와 다시 오실 예수 그리스도에 대해 말씀하고 있다. 이것을 도표로 나타내면 다음과 같다.

성경 – 권위		
구약(옛 약속, 언약)		신약(새 약속, 언약)
율법서		복음서
역사서	예수 그리스도	역사서(사도행전)
시가서		서신서
선지서		계시록
성경 – 토대		

9) 성경의 처음과 마지막은 무엇인가?

- 이러한 성경의 맨 처음은 구약의 창세기이다. 창세기 1:1이다. 그리고 성경의 맨 마지막은 신약의 요한계시록이다. 요한계시록 22:21이다. 이제 우리의 관심은 구약의 제일 마지막 말라기 4:6과 신약의 제일 처음 마태복음 1:1이다. 물론 구약과 신약의 중간기 약 400년 동안의 암흑기가 있다.

1. 구약성경의 마지막 끝 절

1) 말라기 4:6이다. “그가 아버지의 마음을 자녀에게로 돌이키게 하고 자녀들의 마음을 그들의 아버지에게로 돌이키게 하리라 돌이키지 아니하면 두렵건대 내가 와서 저주로 그 땅을 칠까 하노라 하시니라”(‘עַל־אֲבוֹתָם פֶּן־אָבוֹא וְהִכֵּיתִי אֶת־הָאָרֶץ חֵרֶם׃ ‘אָבוֹת עַל־בָּנִים וְלֵב בָּנִים, He will turn the hearts of the fathers to their children, and the hearts of the children to their fathers; or else I

will come and strike the land with a curse).

2) 우리가 가진 구약성경의 마지막은 말라기이다. 하지만 유대인들의 '타나크'(TaNaK)에는 우리말 개역개정 역대기하 36:22-23로 끝을 맺는다(참고 에스라 1:1-3). '타나크'는 율법서-선지서-성문서의 순서로 되어 있으면서 역대기로 끝을 맺고 있다.

3) 유대인의 '타나크'와 다르게 기독교에서 구약성경 마지막이 말라기이다. 말라기는 포로 귀환 신세대의 신앙 갱신을 위한 메시아의 선구자로 엘리야가 먼저 도래할 것을 예고하고 있다. 그리고 그의 사역을 통하여 여호와 하나님과 선민의 관계가 회복할 것을 예언하고 있다. 더불어 그의 사역을 거부하는 자에게 대하여 경고를 하고 있다.

4) 먼저 "그리하여 그가 아버지의 마음을 아들들에게로 돌이키게 하고, 아들의 마음을 그들의 아버지에게로 돌이키게 할 것이라"고 한다. 이것은 누가복음 1:17의 세례 요한의 사역과 사명과 연결되어 있다.

5) 그러나 '돌이키지 아니하면' '내가 와서 저주로 그 땅을 칠까 하노라'고 한다. 여기 '내가 와서'는 미완료형으로 장차 여호와 하나님께서 심판주로 임하실 것이라고 한다. 그 심판의 대상은 '그 땅'이다. 그 땅은 이스라엘 나라 전체를 가리키고 있다. 그리고 '저주'는 '헤렘' 즉 진멸이다(수 6-7장, 삼상 15장).

6) 말라기 4:6의 마지막은 '저주'로 끝을 맺고 있다. 죄-회개-심판이다. 이것은 신약성경의 마지막 요한계시록 22:21의 '은혜'와 완전히 대조를 이루고 있다.

7) 이러한 저주는 아담과 하와의 창세기 3:14-19, 가인의 창세기 4:9-12, 노아의 창세기 6:13과 연결되고 있다(창 11:6-8).

8) 더 나아가서 하나님께서는 창세기만 아니라, 출애굽 시대에도 사사 시대에도 그 이후 왕정 시대, 포로 시대에도 철저하게 하였다. 이것은 구약만 아니라, 신약시대에도 마찬가지이다(행 5:3-11). 이렇게 우리는 죄로 말미암아 저주 아래에 있었다.

2. 신약성경의 제일 처음 절

1) 마태복음 1:1이다. "아브라함과 다윗의 자손 예수 그리스도의 계보라"(Βίβλο γενέσεω' Ιησου' Χριστου' υίου' Δαυὶδ υίου' ' Αβραάμ., A record of the genealogy of Jesus Christ the son of David, the son of Abraham:).

2) 성경 전체의 처음, 구약성경의 첫 문을 여는 창세기 1장이 우주 만물에 대한 하나님의 창조 기사로 시작하고 있다. 그러나 신약성경의 첫 문을 여는 마태복음 1장은 죄로 인해 멸망받았던 자, 멸망 받을 수 밖에 없는 인간을 재창조하기 위하여

이 땅에 오신 예수그리스도의 족보(계보)로 시작하고 있다.

3) 마태복음 1:1은 우리말 개역개정과 달리 원문은 다윗이 먼저 나오고, 그 다음에 아브라함이 나오고 있다. 또한 '자손'이라는 단어가 원문에는 두 번 나온다. 예수 그리스도는 아브라함의 아들(자손), 다윗의 아들(자손)이다. 이것은 마태복음이 유대인을 대상으로 기록했기 때문이다.

4) 아브라함은 택함을 받은 백성 이스라엘의 믿음의 조상이다(창 12:1-3, 22:18). 또한 다윗은 이스라엘의 왕통을 확립한 사람이다(삼하 7:12-16). 하나님께서 이스라엘의 오랜 역사 속에서 그리스도 즉 메시아를 이 땅에 오심을 위해 언약을 지키셨다는 것을 증명하기 위해서 예수 그리스도를 아브라함과 다윗의 자손이라고 한다(사 9:6, 11:1).

5) 예수 그리스도의 계보는 두 가지로 나눌 수 있다. 하나는 주격 소유격이다. 예수 그리스도가 주체가 되거나 소유하고 계신 계보(족보)라는 것이다. 다른 하나는 목적격 소유격이다. 예수 그리스도를 보여 주는 계보(족보)라는 것이다. 예수란 자기 백성을 그들의 죄에서 구원할 자이다(마 1:21). 그리스도란 메시아로 기름 부음을 받은 자로, 왕, 제사장, 선지자라는 것이다. 계보란 세계, 기원, 족보로 시작, 기원, 근원, 출생을 의미하는 '게네시스'이다. 이것의 대응되는 히브리어는 '톨레도트'이다(창 2:4, 5:1, 10:1, 11:27 등).

6) 따라서 계보는 예수 그리스도의 혈통과 족보를 말해 주는 것과 동시에 우리의 근원과 영적 계보를 말씀해 주는 것이다(갈 3:29). 아브라함과 다윗의 자손 예수 그리스도를 통해 새 창조의 시작이 되었다는 것이다. 예수 그리스도는 구원자이시다. 성취자이시다. 완성자이시다. 그러므로 복음은 은혜를 가져오며, 은혜를 누리게 한다.

결론 성경은 한 권이다. 성경은 크게 두 부분으로 되어 있다. 하나는 구약성경이고, 다른 하나는 신약성경이다. 그렇다면 구약성경과 신약성경이 서로 어떻게 연결되고 있는가?

1) 구약성경은 창세기 1:1로 시작하여 말라기 4:6로 끝을 맺는다. 창세기 1:1 "태초에 하나님이 천지를 창조하시니라"로 시작하여 말라기 4:6 "내가 와서 저주로 그 땅을 칠까 하노라"라는 말씀으로 끝을 맺는다. 따라서 구약성경은 창조에서 시작하여 저주로 끝을 맺고 있다.

2) 그렇다면 무엇이 생명이 넘치는 창조를 죽음의 저주로 만들었는가? 그것은 바로 죄, 타락이다. 타락은 저주를 가져온다. 심판과 멸망과 파멸을 가져온다. 이것을 다음 그림으로 나타낼 수 있다.

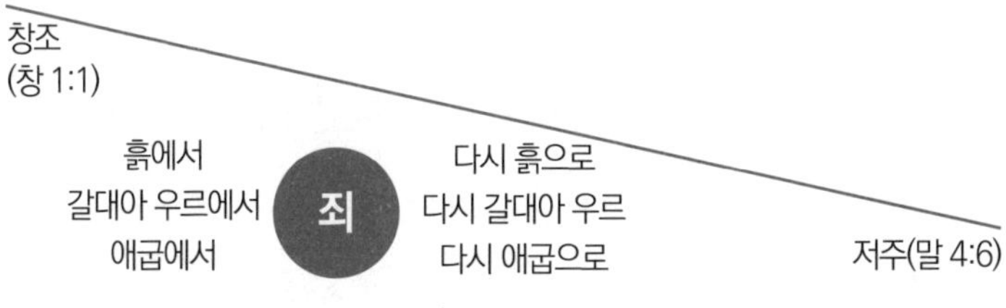

3) 신약성경은 마태복음 1:1로 시작하여 요한계시록 22:21로 끝을 맺는다. 마태복음 1:1 "아브라함과 다윗의 자손 예수 그리스도의 계보라"로 시작하여 요한계시록 22:21 "주 예수의 은혜가 모든 자에게 있을지어다 아멘"으로 끝을 맺고 있다. 따라서 신약성경은 족보에서 시작하여 은혜로 끝을 맺는다.

4) 그렇다면 신약성경은 구약성경과 다르게 아브라함과 다윗의 자손으로 오신 예수 그리스도를 통해 은혜를 가져온다는 것이다. 죄의 문제를 해결하고, 그 은혜를 누리게 된다는 것이다. 생명과 복을 누린다는 것이다. 이것을 다음 그림으로 나타낼 수 있다.

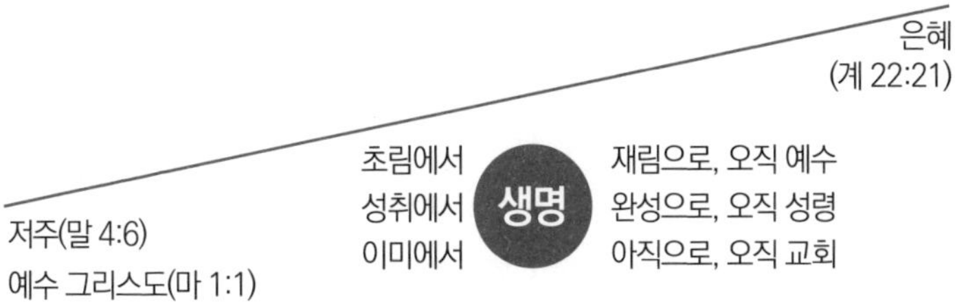

5) 구약성경의 마지막은 말라기 4:6로 "내가 와서 저주로 그 땅을 칠까 하노라"로 끝을 맺고 있다. 신약성경의 처음은 마태복음 1:1로 "아브라함과 다윗의 자손 예수 그리스도의 계보라"로 시작하고 있다. 저주로 끝을 맺고, 족보로 새롭게 시작하고 있다. '내가 와서'라고 했는데, 아브라함과 다윗의 자손 오신 예수 그리스도에 대해 말씀하고 있다. 이렇게 구약성경의 마지막과 신약성경의 시작이 연속적으로 연결되고 있다. 또한 불연속성도 함께 존재하고 있다.

6) 구약성경의 마지막과 신약성경의 시작 사이에 중간사 약 400년의 암흑기가 있다. 물론 이 부분은 성경에 기록이 없는 어둠의 역사, 침묵의 역사 시기이다. 이 시기에는 외경과 위경이 기록되었다. 하지만 중간사는 구약성경과 함께 신약성경의 배경이 되고 있다.

태초에 하나님이 천지를 창조하셨느니라.

In the beginning God created the heavens and the earth.

창세기 1:1

03

구약성경의 처음과 끝

03 | 구약성경의 처음과 끝

성경의 이해 : 창세기 1:1, 말라기 4:6

서론 성경은 하나님의 말씀이다. 그것도 정확 무오한 하나님의 말씀이다.

1) 성경이 하나님의 말씀이라는 근거는 무엇인가?

- 첫째, 성경은 하나님의 영감으로 기록되었기 때문이다(딤후 3:16, 벧후 1:21).
- 둘째, 성경은 하나님의 계시를 기록하고 있기 때문이다(계 1:1, 요 5:39, 46, 8:56, 행 10:43, 히 1:1-2).
- 셋째, 성경은 하나님의 규범을 말씀하고 있기 때문이다(딤후 3:16-17, 요 6:68).
- 따라서 성경은 절대적 진리를 가지고 있는 최고의 권위를 가지고 있다.

2) 성경이 가진 아주 중요한 원리는 무엇인가?

- 첫째, 역사성이다.
- 둘째, 점진성이다.

- 셋째, 다양성이다.
- 넷째, 통일성이다.
- 따라서 성경은 한 권으로 통일성을 가지고 있다. 또한 성경은 66권으로 다양성을 가지고 있다. 그래서 성경은 크게 두 부분으로 나눌 수 있다. 바로 구약성경과 신약성경이다.

3) 성경은 하나의 큰 물줄기로 한편의 하나님의 드라마이다.

- 첫째, 성경은 하나님께서 어떻게 인류를 구원하시는 구원사적 즉 계시사적 관점으로 이해해야 한다. 에덴동산에서 시작하여 새 예루살렘으로 끝이 나고 있다.
- 둘째, 성경은 하나님의 나라에 대한 약속과 성취의 관점으로 이해해야 한다. 에덴의 파괴와 에덴의 회복의 관점으로 하나님의 나라 시작에서 하나님의 나라의 완성으로 가는 것이다.

4) 성경의 가장 처음인 구약의 창세기와 성경의 마지막인 신약의 요한계시록을 자세히 비교해 보면 서로 밀접하게 연관성을 가지고 있다. 서로 수미상관(inclusio)을 이루고 있다.

- 창세기는 창조 즉 에덴 동산으로 시작하고 있다. 하나님께서 천지를 창조하시고, 에덴동산과 사람을 만드시고, 하나님의 나라를 시작하였다.
- 하지만 아담과 하와가 범죄함으로 에덴 동산에서 쫓겨나게 되었다. 사람의 타락으로 하나님의 나라가 파괴되었다. 이런

하나님의 나라를 세우기 위해 제사장, 왕들, 선지자들을 세웠지만 결국 하나님의 나라를 세우는데 실패했다.

- 그래서 마태복음은 아브라함과 자손으로 오신 예수 그리스도를 통해 하나님의 나라를 성취했다. 사도들과 교회를 통해서 하나님의 나라를 확장하고, 결국 예수 그리스도의 재림을 통해 하나님의 나라가 완성된다.
- 요한계시록은 예수 그리스도의 초림으로 다시 시작된 하나님의 나라가 예수 그리스도의 탄생, 고난, 죽으심, 부활, 그리고 승천을 통해 성취되고, 이제 예수 그리스도의 재림으로 하나님의 나라가 완성되는 것을 말씀한다.
- 성경 전체의 시작 부분인 창세기 1-4장의 큰 주제는 '첫 창조와 타락'이다. 그리고 성정 전체의 마지막 부분인 요한계시록 19-22장의 큰 주제는 '심판과 새 창조'이다. 이것을 도표로 나타내면 다음과 같다.

<table>
<tr><td rowspan="6">영원</td><td colspan="4">성경 - 권위</td><td rowspan="6">영원</td></tr>
<tr><td colspan="2">옛 언약</td><td colspan="2">새 언약</td></tr>
<tr><td>창 1-4장</td><td colspan="2" rowspan="2">예수 그리스도</td><td>계 19-22장</td></tr>
<tr><td>첫 창조와 타락</td><td>심판과 새 창조</td></tr>
<tr><td colspan="2">구약</td><td colspan="2">신약</td></tr>
<tr><td colspan="4">성경 - 토대</td></tr>
</table>

5) 성경은 전체적으로 3번의 '이루었다'는 말씀으로 요약할 수 있다(창 2:1, 요 19:30, 계 21:6).

6) 구약성경의 처음과 끝은 무엇을 말씀하고 있는가?

1. 구약성경의 첫 절

1) 창세기 1:1이다. "태초에 하나님이 천지를 창조하시니라"(בְּרֵאשִׁית בָּרָא אֱלֹהִים אֵת הַשָּׁמַיִם וְאֵת הָאָרֶץ׃, In the beginning God created the heavens and the earth).

2) 창세기 1:1은 창조 기사의 개시 부분일 뿐만 아니라, 성경 전체의 첫 절이다. 첫 관문이다.

3) 창세기 1:1에서 언제, 누가, 무엇을, 어떻게라는 말씀이 기록되어 있다.

4) 따라서 천지 만물은 하나님의 창조하심으로 시작되었다. 천지 만물이 어떻게 하다 보니까 우연히 자연 발생적으로 생겨난 것이 아니다. 진화에 진화를 거듭해서 생겨난 것이 아니다.

5) 그러므로 하나님께서 존재하신다는 사실과 그 하나님께서 태초에 천지를 창조하셨다는 진리를 믿어야 한다. 이것은 기독교에서 매우 중요하다. 또한 이것이 기독교의 문으로

들어가는 첫 관문이자 생명과 구원으로 들어가는 첫 걸음이다. 그리고 하나님은 천지 만물을 창조하신 창조주이시며, 세상의 참된 소유자라는 사실을 믿어야 한다.

6) 여기 고장난 시계가 있다고 가정해보면 누가 이 시계를 제일 잘 고치겠는가?
물론 기술자이겠지만 그러나 기술자라고 해도 다 고치는 것은 아니다. 고장난 시계를 제일 잘 고치는 자는 그 시계를 만든 자이다. 그렇다. 누구 우리를 만드셨는가? 바로 창조주 하나님이시다. 그러므로 고장난 우리 인생을 누가 깨끗하게 고칠 수 있는가? 바로 창조주 하나님이시다.

2. 구약성경의 끝 절

1) 말라기 4:6이다. "그가 아버지의 마음을 자녀에게로 돌이키게 하고 자녀들의 마음을 그들의 아버지에게로 돌이키게 하리라 돌이키지 아니하면 두렵건대 내가 와서 저주로 그 땅을 칠까 하노라 하시니라"(‘עַל־אֲבוֹתָם פֶּן אָבוֹא וְהִכֵּיתִי אֶת הָאָרֶץ חֵרֶם׃ אָבוֹת‘עַל־בָּנִים וְלֵב בָּנִים, He will turn the hearts of the fathers to their children, and the hearts of the children to their fathers; or else I will come and strike the land with a curse).

2) 우리말 개역개정과 달리 유대인들의 '타나크'(TaNaK)는 역

대기하 36:22-23로 끝을 맺고 있다. 역대기하 36:22-23은 에스라 1:1-3과 연결되고 있다.

3) 구약성경 마지막 말라기 4:6은 누가복음 1:17의 세례 요한의 사역과 사명이 연결된다.

4) 그러나 '돌이키지 아니하면' 즉 회개하지 않으면 '내가 와서 저주로 그 땅을 칠까 하노라'고 한다. 여기 '내가 와서'는 미완료형으로 장차 여호와께서 심판주로 임하실 것이다.
그 심판의 대상으로는 '그 땅'은 이스라엘 나라 전체를 가리키는 표현이다. '저주'는 헤렘이다(수 6-7장, 삼상 15장).

5) 구약 시대 이스라엘 백성들이 가지고 있었던 고질적인 오해가 있다. 그것은 배타적 선민의식으로 자신들의 삶이 어떠하든 무조건 구원에 이른다는 그릇된 이해이다. 여기에 대해 하나님은 아무리 자기 백성이라도 할지라도 죄악에 대해 철저히 심판하신다는 것이다.

6) 따라서 이스라엘 백성들은 중대한 양자택일의 기로에 서 있다. 거룩한 백성으로서의 삶을 택하든지, 아니면 '헤렘' 즉 진멸당할 운명을 택하든지 반드시 어느 한 가지를 택해야 한다. 구약성경의 마지막은 '저주'이다.

결론 성경은 크게 두 부분으로 나눈다. 하나는 구약성경이고, 다른 하나는 신약성경이다. 구약성경의 처음과 마지막은 창세기 1:1에서 시작하여, 말라기 4:6로 끝을 맺는다. 창조에서 시작하여 저주로 끝을 맺는다.

1) 창세기의 창조는 어둠에서 빛으로, 공허에서 충만으로, 혼돈에서 질서로 가는 은혜의 역사였다. 그러나 인간의 죄악은 이 은혜를 헛된 것으로 돌려 결국 저주로 돌아가게 되었다. 인간의 죄악으로 인해 축복된 창조의 모든 것이 저주가 되었다. 이 저주는 빛이 어둠이 되고, 충만이 공허가 되며, 질서가 혼돈이 되었다. 축복과 정반대가 되었다. 말라기는 저주로 끝을 맺는다.

2) 그렇다면 무엇이 창조의 복을 죽음의 저주로 만들었는가? 한마디로 인간의 죄와 타락이다. 그러므로 구약성경은 바로 아담의 범죄로 인한 저주의 역사이다. 이것을 도표로 나타내면 다음과 같다.

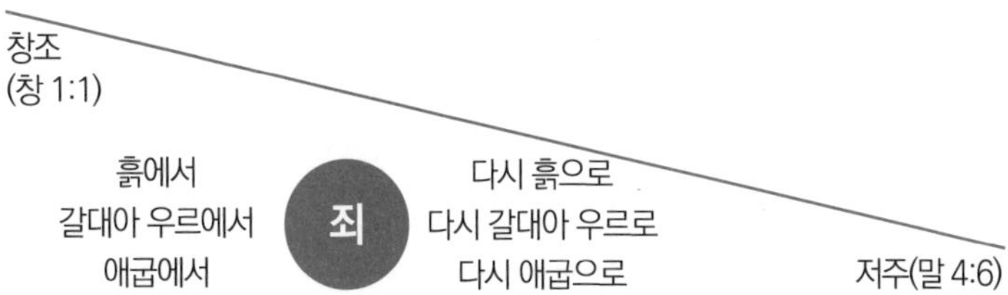

3) 그러나 구약성경 전체를 저주로 생각하면 곤란하다. 오히려 회개의 권면으로 생명과 축복을 얻게 하기 위한 것이다. 그래서 말라기 4:5-6은 세례 요한의 사역(마 3:2, 눅 1:17)에 대한 절대적 순종을 요구하는 것이다. 이것은 신약시대를 대비하게 하고, 기대하는 말씀이다. 저주 속에 감추어진 은혜가 있다. 저주로 끝나는 것이 아니라 저주 속에 새로운 시작이 있다.

4) 아담과 하와의 범죄로 저주와 죽음이 이 땅에 찾아왔다. 하지만 가죽옷의 은혜가 있다(창 3:21). 가인이 동생 아벨을 죽임으로 최초의 살인자가 되었다. 그러나 가인에게 표를 주셨다(창 4:15). 노아 시대 하나님의 사람들이 타락했을 때 홍수로 심판했다. 그러나 방주 속에 구원의 은혜를 베푸셨다(창 7:1). 바벨탑 사건도 마찬가지이다(창 11:9). 데라의 죽음을 통해 복의 근원으로 아브라함을 은혜로 준비하셨다. 죽음 다음에는 반드시 별세가 있다(눅 9:31). 다시 시작하고, 다시 출발하고, 다시 새롭게 해야 한다.

주 예수의 은혜가 모든 자들에게 있을지어다. 아멘.

The grace of the Lord Jesus be with God's people. Amen.

요한계시록 22:21

04 신약성경의 처음과 끝

04 | 신약성경의 처음과 끝

성경의 이해 : 마태복음 1:1, 요한계시록 22:21

서론 성경은 한 권이며, 66권이다. 성경은 통일성과 다양성을 가지고 있다.

1) 기독교 성경은 유대교의 '타나크'(TaNaK)와 다르다.

유대교는 신약성경을 인정하지 않는다. 신약성경이 없다. 하지만 기독교는 유대교와 다르게 신약성경을 가지고 있다.

2) 기독교 성경은 크게 두 부분으로 나눈다.

하나는 구약성경이고, 다른 하나는 신약성경이다.

- 구약성경은 창세기 1:1의 창조로 시작하여 말라기 4:6의 저주로 끝을 맺는다.
- 신약성경은 마태복음 1:1의 계보로 시작하여 요한계시록 22:21의 은혜로 끝을 맺는다.

3) 성경을 전체적으로 보면 창세기의 창조 즉 에덴 동산으로 시작하여 요한계시록 새 창조 즉 새 하늘과 새 땅으로, 에

덴의 회복으로 끝을 맺고 있다.

하나님의 나라 시작에서 하나님의 나라 완성으로 가는 것이다. 이것을 그림으로 나타내면 다음과 같다.

창세기 1-2장	창세기 3장 - 계시록 20장	계시록 21-22장
에덴의 창조	엉망진창인 세상, 타락과 멸망이다.	에덴의 회복

4) 성경을 어떻게 해석해야 하는가?

- 첫째, 성경을 역사적으로 해석해야 한다.
- 둘째, 성경을 문학적으로 해석해야 한다.
- 셋째, 성경을 신학적으로 해석해야 한다.
- 넷째, 성경을 정경적으로 해석해야 한다.
- 다섯째, 성경을 종합적으로 해석해야 한다.

5) 성경에 대한 자세는 어떠해야 하는가?

- 첫째, 성경을 사랑해야 한다.
- 둘째, 성경을 귀하게 여겨야 한다.
- 셋째, 성경을 연구해야 한다. 듣기, 읽기, 공부, 암송, 묵상, 적용, 순종해야 한다.

6) 신약성경의 처음과 끝은 어떠한가?

1. 신약성경의 첫 절

1) 마태복음 1:1이다. “아브라함과 다윗의 자손 예수 그리스도의 계보라”(Βίβλο” γενέσεω”'Ιησου' Χριστου' υἱου' Δαυὶδ υἱου'' Αβραάμ., A record of the genealogy of Jesus Christ the son of David, the son of Abraham:).

2) 구약성경의 첫 문을 여는 창세기 1장은 우주 만물에 대한 하나님의 창조 기사로 시작하고 있다.

3) 그렇다면 신약성경은 정경적 배열로 마태복음 1:1로 처음 시작하고 있다. 예수 그리스도의 계보(족보)로 시작하고 있다. 신약성경의 첫 문을 여는 마태복음 1장은 죄로 인해 멸망 받았던 자, 멸망 받을 수 밖에 없는 자, 죄 아래, 저주 아래, 죽음 아래 있는 인간을 재창조 혹은 새롭게 창조하기 위하여 이 땅에 오신 예수 그리스도의 계보로 시작하고 있다.

4) 예수 그리스도의 계보는 두 가지로 나눌 수 있다. 하나는 주격 소유격이다. 예수 그리스도가 주체가 되거나 소유하고 계신 계보(족보)라는 것이다. 다른 하나는 목적격 소유격이다. 예수 그리스도를 보여 주는 계보(족보)라는 것이다. 예수란 자기 백성을 그들의 죄에서 구원할 자이다(마 1:21). 그리스도란 메시아로 기름부음을 받은 자로, 왕, 제사장, 선지자

라는 것이다. 계보란 세계, 기원, 족보로 시작, 기원, 근원, 출생을 의미하는 '게네시스'이다. 이것의 대응되는 히브리어는 '톨레도트'이다(창 2:4, 5:1, 10:1, 11:27 등).

5) 왜 신약성경을 시작하면서 마태복음은 족보로 시작하고 있는가? 예수 그리스도의 족보가 곧 우리의 족보이다. 예수 그리스도의 족보는 예수 그리스도의 혈통과 계보를 말해 주는 것과 동시에 우리의 근원과 영적 계보를 말씀해 주는 것이다. 우리가 육적으로는 아브라함의 자손이 아니지만, 영적으로는 아브라함의 자손이다(갈 3:9). 예수 그리스도 안에서 시작된 새로운 시대를 말씀하고 있다.

6) 특별히 마태복음 1:1은 창세기 1:1과 연결되면서 창조의 마지막이면서 동시에 종말론적 새 창조의 시작을 말씀하고 있다. '새 창세기' 곧 종말론적 구속이 예수 그리스도 안에서 시작된다는 것이다.

2. 신약성경의 끝 절

1) 요한계시록 22:21이다. "주 예수의 은혜가 모든 자들에게 있을지어다 아멘"(Η χάρι" του' κυρίου'Ιησου' μετὰ πάντων, The grace of our Lord Jesus be with God's people. Amen).

2) 바울 서신 대부분은 은혜로 시작해서 은혜로 끝을 맺고 있

다. 이와 같이 요한계시록도 1:5에 은혜와 평강으로 시작하여, 22:21에서 은혜로 끝을 맺는다. 우리의 삶과 누리는 복은 시작도 끝도 다 은혜가 아니면 안 된다. 은혜란 값없이 주는 하나님의 선물이다.

3) 그 은혜는 바로 주 예수의 은혜이다. 여기 소유격은 두 가지 해석이 가능하다.

- 하나는 주격 소유격이다. 주 예수께서 주시는 은혜이다. 주 예수로 말미암은 은혜이다. 바로 대속의 은혜, 속죄의 은혜, 구원의 은혜, 십자가의 은혜이다.
- 또 다른 하나는 목적격 소유격이다. 주 예수를 위한 은혜이다. 주 예수가 목적이 되는 은혜이다. 바로 구원을 받은 감격적 은혜, 주 예수를 통해 은혜를 받고 주 예수를 위해서 사는 삶의 목적이다. 구원 받은 이후 생활의 은혜이다.

4) 주 예수의 은혜가 '누구'에게 있어야 하는가? '모든 자들'이다. 여기 모든 자들은 이 두루마리의 예언의 말씀을 듣는 자들이고, 또한 오고 오는 만대의 교회까지도 포함하고 있다. 그래서 우리말 개역개정은 모든 자 앞에 2자가 있어서 난외주로 가면 어떤 사본에는 '성도들에게'라고 되어 있다.

5) 주 예수의 은혜가 어떻게 있어야 하는가? '함께'이다. 함께 꼭 있어야 한다. 모든 성도들에게, 일곱 교회에게 꼭 함께 있어야 할 것은 다른 것이 아니라, 바로 주 예수의 은혜라는 것이다. 이것은 고린도전서 16:22-23과 비슷하다. 그

러나 차이점은 고린도전서는 '너희'를 대상으로 하지만, 요한계시록은 '모든 자들'을 대상으로 하고 있다.

6) 표준 원문과 시내 사본과 그 밖의 다른 사본에는 '아멘'이 있다. 그러나 UBS³판이나 NestleAland 25판에는 '아멘'이 없다. 여기에서 '아멘'이 있는 것이 바람직한 결어로 볼 수 있다. '아멘'은 참으로 진실되다는 의미이다. 이러한 주 예수의 은혜가 함께 하기를 아멘으로 끝을 맺고 있다. 구약 말라기의 끝에는 저주이며, 아멘이 없다.

7) 따라서 요한계시록은 은혜로 시작하여(1:5) 은혜로 끝을 맺고 있다(22:21). 이렇게 성경 전체의 모든 창조의 완성을 은혜로 끝을 맺고 있다. 이것은 시작도 끝도 다 은혜가 아니면 안 된다는 것이다. 우리의 신앙에 가장 중요한 것이 바로 오직 은혜이다. 다른 것 다 잃어 버려도 오직 은혜만큼은 함께 있어야 한다. 변함없는 주 예수의 은혜가 있어야 한다(고전 15:10, 고후 12:9). 세상은 은혜에 굶주리고 목말라하고 있다. 교회는 세상에 은혜를 선포해야 할 사명이 있다.

결론 성경은 한 권이다. 통일성을 가지고 있다. 성경 전체의 시작은 창세기 1:1이다. 천지창조의 시작, 우주만물의 장엄한 선언을 말씀하면서 성경 전체의 첫 문을 열고 있다. 그리고 성경 전체의 끝은 요한계시록 22:21이다. 주 예수의 은혜가 모든 사람 즉 하나님의 사람에게 있어야 함을 말씀하고 있다.

1) 기독교 구약성경은 유대교(TaNaK)와 다르다. 유대교는 창세기 1:1로 시작하여 역대하 36:23로 끝을 맺는다. 하지만 기독교 구약성경은 창세기 1:1로 시작하여 말라기 4:6로 끝을 맺는다. 창조로 시작하여 저주로 끝을 맺는다. 그것은 바로 인간의 죄와 타락이다.
2) 기독교 신약성경은 마태복음 1:1로 시작하여 요한계시록 22:21로 끝을 맺는다. 계보로 시작하여 은혜로 끝을 맺는다.
3) 아브라함과 다윗의 자손으로 오신 예수 그리스도를 통해 모든 사람이 값없이 은혜를 받는 것이다. 그럼 '어떤 과정을 통해 아브라함과 다윗의 자손 예수 그리스도를 통해 은혜가 모든 사람에게 미치는가?' 하는 점이다. 사람이 사람에게 은혜를 끼치는 것은 불가능하다. 왜냐하면 모든 사람은 죄인이기 때문이다. 그러므로 모든 사람에게 영원한 은혜를 베풀기 위해서는 죄 없는 하나님이어야 한다. 또한 죄 없는 인간이어야 한다. 이것이 바로 구원자의 자격이며, 아브라함

과 다윗의 자손 예수 그리스도이시다. 예수 그리스도만이 구약성경의 마지막 저주를 신약성경의 은혜로 바꾸시는 분이시다. 이것을 그림으로 나타내면 다음과 같다.

5) 첫 사람 아담의 족보는 창세기 5장에서 '죽었더라'의 역사이다. 그러나 마지막 아담이신 예수 그리스도는 '낳고'의 역사이다. 생명의 역사, 은혜의 역사이다.

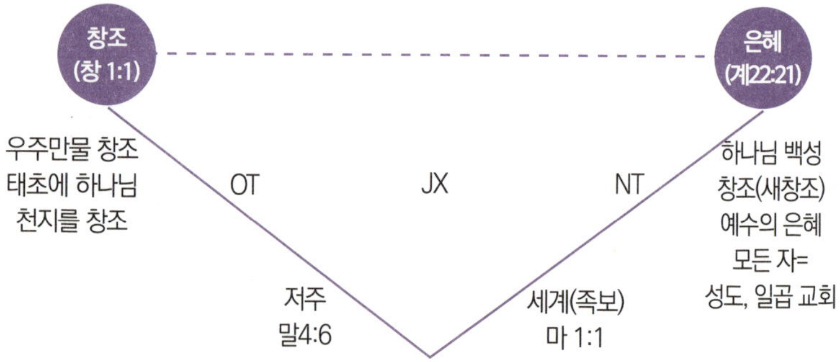

내가 율법이나 선지자를 폐하러 온 줄로 생각하지 말라. 폐하러 온 것이 아니요. 완전하게 하려 함이라.

Do not think that I have come to abolish the Law or the Prophets; I have not come to abolish them but to fulfill them.

마태복음 5:17

05

구약성경의 네 기둥들

05 | 구약성경의 네 기둥들

성경의 이해 : 마태복음 5:17, 누가복음 24:27, 44

서론 성경은 한 권이면서 66권이다. 통일성과 다양성을 가지고 있다. 이러한 성경은 크게 두 부분으로 나눌 수 있다. 하나는 구약성경이고, 다른 하나는 신약성경이다.

1) 구약이란 용어는 신약을 전제하고 있기에 철저하게 기독교 전통에서 나온 명칭이다.

구약성경에 새 언약(렘 31:31-34, 히 8:7, 13)이 나오고, 신약성경에 옛 언약 즉 구약이 나온다(고후 3:14). 따라서 구약성경은 신약을 전제하고, 신약성경은 구약성경을 전제하고 있다. 이렇게 구약성경과 신약성경은 연속성과 불연속성을 가지고 있다.

2) 기독교 구약성경을 유대교에서는 '타나크'(TaNaK)라 부른다. '타나크'는 24권이다.

기독교의 구약성경을 상하 두 권으로 분류하지만, 유대교의 '타나크'는 한 권으로, 또 열 두 소선지자를 한 권으로 분류하기 때문이다. 그러나 권수에 차이는 있지만 내용에 차이는 없다.

3) 유대교의 '타나크'는 크게 세 부분으로 나눈다.

토라(Torah) 즉 율법서, 느비임(Nebiim) 즉 예언서, 케투빔(Kethubim) 즉 성문서, 이렇게 삼중적으로 구분하고 있다. 맨 앞의 첫 글자 T, N, K에 모음 a(아)를 붙여서 만든 것이다. 이것은 신약성경이 포함된 말씀이 아니라, 인위적으로 만들어진 용어이다(마 5:17, 7:12, 눅 16:16, 눅 24:44). 이것을 분류하면 다음과 같다.

<table>
<tr><td>율법서
(토라)</td><td>창세기, 출애굽기, 레위기, 민수기, 신명기 5권</td></tr>
<tr><td>예언서
(느비임)</td><td>전기 예언서 – 여호수아, 사사기, 사무엘서, 열왕기서 4권
후기 예언서 – 대예언서(이사야, 예레미야, 에스겔) 3권
소예언서(호세아–말라기) 12권</td></tr>
<tr><td>성문서
(케투빔)</td><td>시편, 욥기, 잠언, 룻기, 아가, 전도서, 예레미야 애가, 에스더, 다니엘, 에스라–느헤미야, 역대기 11권</td></tr>
</table>

4) 기독교 구약성경은 다시 크게 네 부분으로 나눈다.

율법서 혹은 모세오경, 역사서, 시가서, 선지서이다. 그럼 구약성경의 각권들은 어떻게 정경적 배열이 되었는가? 그것은 히브리인들의 권위나 종교적 기준이 아니라, 과거-현재-미래의 방향성을 기준으로 배열되었다. 이것을 도표로 보면 다음과 같다.

<table>
<tr><td>율법서</td><td>창세기, 출애굽기, 레위기, 민수기, 신명기</td><td rowspan="2">과거, 사건,
하나님의 역사(일),
언약 백성, 서술</td></tr>
<tr><td>역사서</td><td>여호수아, 사사기, 룻기, 사무엘상하, 열왕기상하, 역대상하, 에스라, 느헤미야, 에스더</td></tr>
</table>

시가서	욥기, 시편, 잠언, 전도서, 아가서	현재, 경험, 하나님의 길, 언약 행위, 시
선지서	이사야, 예레미야, 애가, 에스겔, 다니엘, 12소선지서	미래, 기대, 하나님의 의지(뜻), 언약의 설교, 예언

5) 이렇게 구약성경의 중심축을 이루고 있는 네 기둥들이 있다. 네 기둥들을 두 그룹으로 묶어서 알아보고자 한다.

1. 구약성경의 율법서와 역사서

1) 구약성경의 첫 번째 그룹은 율법서이다. 창세기, 출애굽기, 레위기, 민수기, 신명기 5권이다. 이 다섯 권을 전통적으로 오경이라고 한다. 하나님께서 모세를 통해서 기록했다고 해서 모세 오경이라고도 한다.

2) 그렇다면 여기서 '경'과 '서'의 문제를 생각해 보아야 한다. 구약성경의 처음 다섯 권을 가리켜 오경이라고 한다. 그리고 다른 것은 '서'라고 한다. 그것은 구약성경의 처음 다섯권이 차지하는 비중이 참으로 크다는 것을 암시하고 있다. 구약성경의 오경이 구약에서, 아니 구약과 신약에서 으뜸가고, 가장 기초적이고, 뿌리의 시작의 중요성을 강조하고 있다.

3) 하지만 구약성경의 처음 다섯 권을 오경으로 너무 중요시 여기면 곤란하다. 다른 말씀들도 여전히 소중하다. 하나님의 모든 말씀은 모두 동등한 권위를 가지고 있다. 그래서 저는 오경보다 토라 즉 율법서라고 부르기를 더 좋아한다.

4) 구약성경의 히브리어 토라를 흔히 율법이라고 번역하고 있다. 우리말 개역개정에서 구약성경을 '토라'라는 말씀을 '율법', '율법책'(수 23:6, 느 8:1, 스 7:6, 갈 3:10), '모세의 율법책' 혹은 '모세의 율법'(수 8:31, 23:6, 왕상 2:3, 왕하 14:6, 대하 23:18, 눅 24:44, 요 7:23, 행 13:39, 15:5, 28:23 등)이라고 번역하고 있다. 통상적으로 '율법'은 계명과 병행하는 의미로 사용되고 있다. 구약성경에서 하나님의 말씀을 율법이라고 부르기도 한다.

5) '토라'는 본래 율법이라기보다는 이야기 즉 스토리(학가다, haggadah)이며, 가르침(할라카, halacha)이다. 이스라엘이 누구인지를 알게 하고, 이스라엘이 어떻게 살아야 되는지를 일깨워 주는 이야기요, 가르침이다. 권위적인 가르침, 지침을 가리키는 길(道)이라는 뜻이다(시 119:103-105). 또한 '토라'는 계시라는 의미도 지니고 있다. '토라'에 법이라는 뜻이 들어 있기는 하지만, 그 말은 본래 토라 속에 담겨 있는 온갖 규정들을 가리키고 있다. 토라를 율법으로 곧 지키지 않으면 안 되는 규정이라고 이해할 수 있다. 신앙과 삶의 표준, 기준, 척도가 되는 것을 가르치는 규정(할라카, halacha)이다.

6) 이렇게 율법서는 창조에서부터 모세의 죽음까지 이스라엘 백성들의 뿌리인 히브리 백성들이 겪은 말씀을 전하고 있다. 이스라엘 백성들을 말씀하기 전에 세상을 먼저 말씀하고 있다. 따라서 율법서의 첫 대목(창 1장)은 세상을 창조하신 하나님에 대한 말씀으로 시작하여, 마지막 대목(신 34장)은 모세의 죽음에 대한 말씀으로 끝을 맺고 있다.

7) 그 사이에 하나님이 창조하신 하늘과 땅(창 1:1-2:3)에서 인류 역사 - 하나님이 아브라함, 이삭, 야곱을 부르시며(창 11:27-50:26), 야곱의 후손을 모세가 하나님의 백성 이스라엘로 조성하는(출 1:1-신 34:12) - 가 펼쳐지고 있다. 그래서 율법서는 창조에서부터 바벨탑으로 온 세상으로 흩어짐(창 1-11장)과 족장들(아브라함-요셉, 창 12-50장), 그리고 모세와 출애굽하여 홍해에서 시내산까지(출 1-18장), 시내산에서 이스라엘 백성들(출 19장-민 10:10), 시내산에서 모압 평지(민 10:11-21:35), 모압 평지에서 진을 친 이스라엘 백성들(민 22:1-36:12), 모압 평지에서 모세가 이스라엘 백성들에게 설교하고 죽음(신 1-34장)을 말씀하고 있다.

8) 구약성경의 두 번째 그룹이 역사서이다. 여호수아부터 에스더까지 12권이다. 역사서 대부분 이스라엘 왕국과 유다 백성의 역사(歷史) 속에서 역사(役事)하신 하나님에 대해서 말씀하고 있다. 룻기와 에스더는 역사 기록이 아니라고 할 수 있다. 하지만 룻기와 에스더도 각각 사사시대와, 바사 즉 페

르시아 시대를 배경으로 말씀하기 때문에 역사서로 간주하는 것이다.

9) 구약성경의 역사서는 방대한 기간을 기록하고 있다. 이스라엘이 가나안 땅에 정착하던 시대부터 유대 사람들이 바사의 통치를 받는 시대까지 다 기록하고 있다. 대략 주전 13세기부터 주전 5세기까지를 말씀하고 있다. 그러나 역사서는 정치, 경제, 종교, 문화, 인구 이동, 전쟁 등 통상적으로 역사를 기록하지 않는다. 다만 이스라엘 백성들이 겪은 역사 체험을 신앙으로 해석하여 인생의 의미가 무엇인지를 밝히고 있다. 역사는 하나님의 주권을 드러내는 현장이다. 역사의 흐름 속에서 하나님의 활동을 보는 '거룩한 역사'이다.

10) 따라서 율법서가 모두 범죄한 인간을 구원하기 위한 하나님의 구원 역사를 담고 있다면, 역사서는 이스라엘의 가나안 정복과 이스라엘 왕정의 기원, 그리고 왕국 분열과 북왕국 이스라엘의 멸망, 남왕국 유다의 멸망에 이르는 시대에 관한 역사이다. 그러므로 역사서는 '하나님의 약속-성취의 패턴'을 근간으로 하고 있다.

11) 구약성경의 역사서는 여호수아에서 에스더에 이르는 이 긴 기록에는 역사를 바라보는 두 가지 서로 다른 관점으로 기록되어 있다. 하나는 신명기 관점이다. 역사의 흥망성쇠를 모세 신앙에서 바라보는 관점이다. 신명기를 서론으로 하여 여호수아부터 열왕기하까지이다. 이것을 신명기 역

사서라고 한다. 신명기적인 시각에서 해석했다는 말씀이다. 따라서 첫 장면은 땅을 차지하는 여호수아이고, 끝 장면은 땅을 빼앗기는 시드기야이다. 이스라엘이 가나안 땅을 차지할 때부터 하나님의 심판으로 그 땅을 잃게 될 때까지의 역사를 말씀하고 있다. 다른 말로 하면, 정착에서 추방까지이다. 실패의 역사이다. 선지자의 관점이다.

12) 다른 하나는 역대기 관점이다. 이스라엘의 정체성을 다윗과 시온의 안목에서 헤아리는 관점이다. 역대상에서부터 에스더까지이다. 역대기 역사서라고 한다. 역대기 사가의 기록이라고 불린다. 열왕기는 다윗의 죽음(왕상 1:1-2:12)에서 여호야긴의 석방(왕하 25:27-30)에 이르는 이스라엘 왕국사라고 한다면, 역대기는 이스라엘 왕국사의 기원을 아담에게까지 소급하여 시작하고 있다. 그리고 바사 왕 고레스의 등장까지를 기록하고 있다. 따라서 열왕기가 사기(史記)라면, 역대기는 열전(列傳)이라고 할 수 있다. 역대기 역사는 포로 후기 시대의 기록이다. 신명기 역사서가 보다 과거를 분석하고 비판하는 쪽에 있다면, 역대기 역사서는 과거 웅장했던 이스라엘의 역사를 회고하고, 내일의 이스라엘 회복을 꿈꾸고 있다. 회복의 역사이다. 미래 지향적이다. 제사장적 관점이다.

13) 이렇게 구약성경의 역사서는 율법서와 시가서를 연결해 주는 다리 역할을 하고 있다.

2. 구약성경의 시가서와 선지서

1) 구약성경의 세 번째 그룹은 시가서이다. 욥기, 시편, 잠언, 전도서, 아가서의 5권이다. 이 5권은 대부분 시문으로 되어 있다. 특히 시가(詩歌)와 시문(詩文)으로 이루어져 있다. 율법서와 역사서가 세상살이에 대한 하나님의 말씀이라면, 시가서는 하나님의 가르침에 대한 일상생활의 반응이라고 할 수 있다. 왕이, 왕국이, 지도자들이 망가뜨린 하나님의 나라를 일상생활을 통해서 개선해보려고 한다.

2) 이러한 시가서는 일종의 시간적 순서를 따르고 있다. 욥기는 아주 고대의 '욥'에 대한 말씀이고, 시편은 대부분 '다윗'으로 알려져 있고, 잠언과 전도서와 아가는 '솔로몬'으로 소개되고 있기 때문이다.

3) 시가서 및 지혜서 안에서 시가서에 속하는 것은 시편과 아가 두 권이다. 이 둘은 시가서라는 제목 때문에 주로 '시집'으로 생각하기가 쉽다. 그러나 이들은 모두 노래의 성격을 강하게 띠고 있다. 시편은 히브리어로 '테힐림' 곧 '찬양들'이라는 의미이고, 아가는 히브리어로 '쉬르 하쉬림' 즉 '노래 중의 노래'라는 제목을 가지고 있다.

4) 이 외에 욥기, 잠언, 전도서는 내용적으로는 '지혜서'로 분류하며, 시적으로 표현 즉 시문으로 되어 있기 때문에 '시가서'라고 한다. 율법서와 예언서가 역사(歷史)의 무대에서 역

사(役事)하신 하나님을 증거한다면, 시가서는 하나님의 역사에 대한 사람의 응답을 기록하고 있다. 세속화된 사회에서 하나님의 사람이 어떻게 살아야 되는지를 격언의 형식으로 보여주고, 가르치는 것이 '잠언'이고, 설교의 형식으로 보여주고, 가르치는 '전도서'이며, 논쟁의 형식으로 보여주고, 가르치는 것이 '욥기'이다. 이러한 가르침을 통해서 어수룩한 사람에게는 슬기를, 젊은이에게는 지식과 분별력을, 지혜 있는 자에게 학식을, 명철한 사람에게는 지혜를 더욱 갖추게 하고 있다.

5) 구약성경의 네 번째 그룹은 선지서이다. 예언서이다. 구약성경 선지서는 크게 두 부분으로 나눈다. 하나는 대선지서이고, 다른 하나는 소선지서이다. 대선지서는 이사야, 예레미야, 예레미야 애가, 에스겔, 다니엘이다. 소선지서는 호세아부터 말라기이다. 총 17권이다. 대선지서와 소선지서의 구분은 양의 문제이지, 권위의 문제는 아니다. 모두 동일한 권위와 가치를 가지고 있다.

6) 선지서는 유대 왕 여호람 시대인 B.C. 845년부터 제2성전 시대까지 약 400년간을 배경으로 하고 있다. 다시 말하면 솔로몬 왕이 죽고 난 이후 통일 왕국이 남북으로 분열한 시대에서부터 포로 후 귀환 시대까지를 말씀하고 있다.

7) 이러한 선지자는 크게 두 분류로 나눌 수 있다. 하나는 구전 선지자이다. 다른 하나는 문서 선지자이다. 선지서는 모두

문서 선지자를 가리키고 있다. 이사야부터 시작해서 말라기까지이다. 최초의 문서 선지자는 아모스이고, 마지막 문서 선지자는 말라기이다.

8) 이러한 문서 선지자들은 크게 네 구간에 걸쳐 출현하고 있다.

- 첫째, 북왕국 이스라엘의 멸망 전후(주전 721)이다. 호세아, 아모스, 이사야, 미가가 이 시기에 속한다.
- 둘째, 북왕국 이스라엘의 멸망 후에서 남왕국 유다가 몰락하기까지(주전 587년)이다. 예레미야, 스바냐, 나훔, 하박국, 오바댜가 이 시기에 속한다.
- 셋째, 바벨론 포로 시대(주전 587-538년)이다. 에스겔과 이사야 40-55장이 이 시기를 배경으로 한다.
- 넷째, 포로기 이후 제 2성전기(주전 515년)를 전후한 시대이다. 학개, 스가랴, 말라기가 여기에 속한다.

9) 대체로 왕국 패망 이전에 배경에는 왕국의 패망과 백성들의 흩어짐(사로 잡혀감)을 경고하는 말씀을 하고 있다. 회개를 촉구하는 메시지가 예언의 큰 가닥을 이루고 있다. 나라가 망하고, 성전이 무너지고, 백성들이 포로로 끌려가고 난 뒤부터는 예언의 핵심이 심판에서 회복으로 바뀌고 있다. 포로살이에서의 해방과 이스라엘의 회복을 다짐하고 선언한다. 포로 후기 시대를 무대로 삼는 예언서에는 예언자의 말씀이 다시 심판과 구원이 엇갈려 나타나고 있다. 이러한 회복의 역사가 메시아를 통해서 이루어진다는 것이다.

10) 따라서 이사야서에서 다니엘서까지 대선지자는 메시아의 처녀 탄생에서부터 하나님의 보좌 우편에 앉으심까지를 말씀하시고, 소선지서는 이러한 대선지서들의 계시를 보충하면서 지원하는 양식을 가지면서 아주 절묘하게 조화를 이루고 있다. 그래서 어떤 사람은 주전 8세기 호세아, 아모스, 미가는 대선지서 이사야를 거드는 소선지서라고 하고, 주전 7세기 나훔, 하박국, 스바냐는 대선지서 예레미야를 보조하는 소선지서라고 하고, 주전 6세기 학개, 스가랴, 말라기는 대선지서 에스겔서를 풀이하는 해설서라고 말하기도 한다.

11) 이러한 소선지서는 연대순서 정경적 배열을 한 것이 아니라, **죄**(호세아, 요엘, 아모스, 오바댜, 요나, 미가), **징벌**(나훔, 하박국, 스바냐), **회복**(학개, 스가랴, 말라기) 순서로 볼 수 있다. 그러면서 12소선지서는 모두 하나님이 심판하시는 마지막 '그 날' 즉 '여호와의 날'에 대한 깊은 관심을 가지고 있다.

12) 선지자는 미리 아는 자이고, 예언자는 앞으로 일어날 일을 말하는 자이다. 두 용어 모두 미래의 일과 관계가 있다. 그러나 구약성경에서 나타나는 예언자의 역할은 단순히 미래에 일어날 일을 미리 보거나 미리 말하는 것만은 아니다.

13) '예언하다'의 히브리 단어 '나비'는 부름 받은 사람으로 해석할 수 있다. 예언자란 자신의 목적을 이루기 위해서 스스로 나선 자가 아니라, 하나님의 뜻을 이루기 위해 부름 받은

자로 기본적인 사역은 하나님의 말씀을 전달하는 자이다. 또 다른 단어는 우리말 개역개정의 '선견자'(로에, 삼상 9:9, 호제, 암 7:12)로 번역된 히브리 단어 '로에'와 '호제'가 있다. 이 두 단어는 일반적인 사람들이 볼 수 없는 것 혹은 일반 사람들에게는 감추어진 것을 볼 수 있는 사람을 말하고 있다.

14) '하자' 혹은 '하존'은 계시(사 1:1), 이상(암 1:1), 묵시(옵 1:1, 미 1:1, 나 1:1, 합 1:1)로 번역할 수 있다. 예언자들의 기본 사역은 '하나님께로부터 받은 것'을 전하는 것이다. 따라서 예언은 예언(預言)이지, 예언(豫言)이 아니다. 예언(預言)은 신탁이다. 사람을 매개자로 하여 나타내신 하나님의 뜻, 하나님의 말씀을 의미한다. 맡겨주신 하나님의 말씀이다. 그러므로 예언자란 백성 앞에서 하나님의 이름으로, 하나님을 대신하여 하나님의 말씀을 전하는 자인 것이다(암 7:10-17, 렘 7:1-15).

결론 성경은 구조적으로 수미상관(inclusio)을 이루고 있다. 또한 서로 대칭 구조를 이루고 있다. 유대교의 '타나크'(TaNaK)와 다르다. 유대교의 '타나크'는 기독교의 구약성경만 있다. 신약성경이 없다. 그래서 유대인들은 '구약'이라는 말을 사용하지 않는다. 구약성경은 신약성경을 전제로 한 명칭이기 때문이다.

1) 기독교의 성경은 크게 두 부분으로 나눈다. 하나는 구약성경이고, 다른 하나는 신약성경이다.

2) 구약성경에는 크게 네 기둥들, 혹은 네 장르들이 있다. 율법서, 역사서, 시가서, 선지서이다. 이러한 구분과 정경적 배열은 히브리 전통 즉 유대교에서는 권위나 종교적 중요성이 기준이 아니라, 과거, 현재, 미래의 방향성을 기준으로 구약성경이 배열되어 있다.

- 첫째, 율법서는 이스라엘 종교의 헌법과 같은 것으로 기초적 기능을 하고 있다.
- 둘째, 역사서는 과거에 대한 기억과 신학적 해석을 담고 있다.
- 셋째, 시가서는 이스라엘의 현재적 종교적 체험의 반응을 많이 담고 있다.
- 넷째, 선지서는 단지 미래의 사건을 예고하는 것이 아니라, 그 전반적인 경향성에 있어서 오실 메시아에 대한 소

망을 미래적으로 예시하고 있다.

3) 따라서 구약성경은 기원과 과거 사건에서 현재의 경험으로, 미래에 대한 기대 순서로 이루어져 있다. 그러므로 율법서와 역사서는 이스라엘을 위한 '하나님의 구원의 행위'를, 선지서는 이스라엘을 위한 '하나님의 말씀을 예언'하고 있다. 이에 반해 시가서(지혜서)는 '하나님의 행위와 말씀에 대한 이스라엘 백성들의 응답'을 말씀하고 있다.

4) 그러므로 구약성경의 중심축은 하나가 아닌 두 가지이다. 하나는 '하나님의 계시'(Revelation)이고, 또 다른 하나는 '인간의 신앙고백적 응답'(Response)이다. 구약성경은 하나님이 누구인지를 보여주고 있다. 그 하나님은 이스라엘과의 관계를 통해서 자신을 계시하고 있다. 이렇게 구약성경은 '계시'일 뿐만 아니라, 삶의 높낮이를 모두 드러내어 보여주는 '인생의 거울'이 되어 절망에 빠진 사람들에게 삶의 방향성을 하나님께 맞추어 가도록 도움을 주고 있는 것이다. 이것을 도표로 그려보면 다음과 같다.

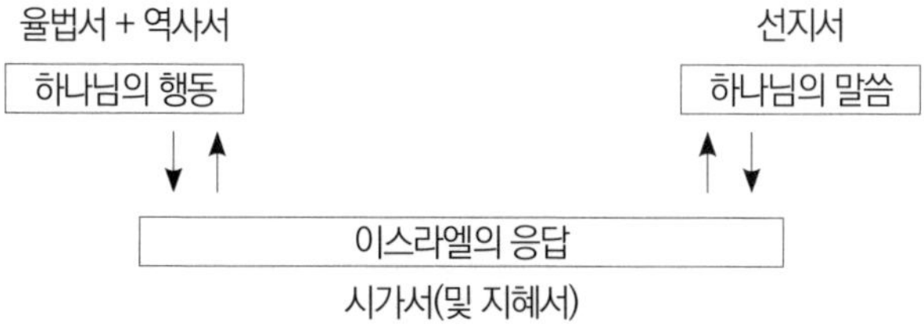
율법서 + 역사서
하나님의 행동
선지서
하나님의 말씀
이스라엘의 응답
시가서(및 지혜서)

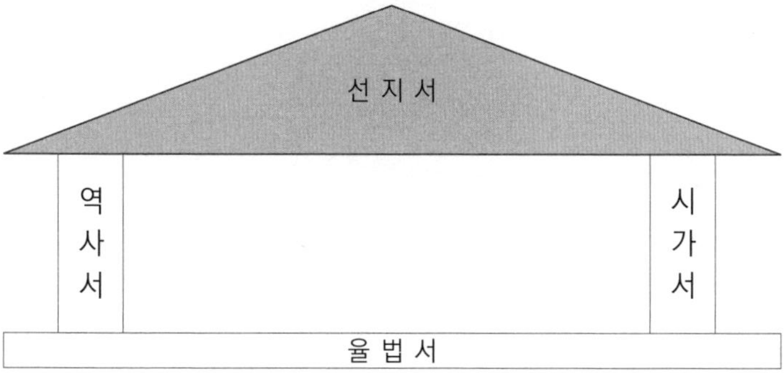
선 지 서
역 사 서
시 가 서
율 법 서

너희를 내 백성으로 삼고 나는 너희의 하나님이 되리니 나는 애굽 사람의 무거운 짐 밑에서 너희를 빼낸 너희의 하나님 여호와인 줄 너희가 알지라.

will take you as my own people, and I will be your God. Then you will know that I am the LORD your God, who brought you out from under the yoke of the Egyptians.

출애굽기 6:7

06

구약성경의 율법서

06 | 구약성경의 율법서

성경의 이해 : 출애굽기 6:7, 레위기 11:45

서론 참된 기독교인은 성경의 최고 권위를 인정하고, 그 아래 순복해야 한다. 성경의 권위 아래 나 자신이 있어야 한다. 왜냐하면 성경은 하나님의 말씀이기 때문이다. 성경은 하나님의 계시이기 때문이다. 성경이 하나님의 규범이기 때문이다. 이러한 성경은 통일성과 다양성을 가지고 있다. 성경은 한 권이면서, 66권이다. 그래서 성경은 크게 두 부분으로 나눈다. 하나는 구약성경이고, 다른 하나는 신약성경이다.

1) 유대교와 기독교 즉 개신교와 차이가 있다.

유대교는 성경을 '타나크'(TaNaK)라고 한다. 혹은 히브리어 성경이라고 한다. 왜냐하면 기독교의 신약성경을 인정하지 않기 때문이다. 그 대신 유대교는 '타나크'와 '탈무드'를 정경으로 간주한다.

2) 유대교의 '타나크'(TaNaK)는 24권이다.

기독교의 구약성경을 상하 두 권으로 분류하지만, 유대교의 '타나크'(TaNaK)는 한 권으로 간주하고, 또 열두 소선지자를 한 권으로 간주하기 때문에 권수에 있어서 차이가 발생한다. 또한 정경적 배열에 대해서도 차이가 있다. 유대교의 '타나크'(TaNaK)는 제일 처음 창세기로 시작하여 제일 마지막이 역대기이다. 하지만 기독교의 구약성경은 제일 처음 창세기로 시작하여 제일 마지막이 말라기이다.

3) 유대교의 '타나크'(TaNaK)는 크게 세 부분으로 구성되어 있다.

토라(Torah) 즉 율법서, 느비임(Nebiim) 즉 예언서, 케투빔(Kethubim) 즉 성문서, 이렇게 삼중적으로 구분하고 있다. 맨 앞의 첫 글자 T, N, K에 모음 a(아)를 붙여서 만든 것이다. 이것은 신약성경이 포함된 말씀이 아니라, 인위적으로 만들어진 용어이다. 원래 구약성경은 율법서와 선지서로 나뉘어져 있었다(마 5:17, 7:12, 눅 16:16). 그 후에 구약성경을 율법서와 선지서와 시가서로 삼분 되어졌다(눅 24:44). 그리고 유대인의 히브리 성경 즉 '타나크'를 주전 280년 경에 구약성경 히브리어를 헬라어로 번역했다. 이것을 칠십인경(LXX)이라고 한다. 이 때 구약성경을 크게 네 부분으로 나누었다. 율법서, 역사서, 시가서, 선지서로 사중적 구분이 이루어졌다. 그것은 신약성경 때문이다.

4) 그렇다면 율법서, 예언서, 성문서 이 셋의 차이는 무엇인가?

우선 율법서와 예언서를 한편에 놓고, 성문서를 다른 한 편에 놓고 생각해 보자.

- 율법서는 율법이다. 유대인들은 율법을 '토라'라고 했다. 토라란 하나님께서 이스라엘 백성에게 이렇게 살아야 된다 하고 생활지침을 정해준 것이다. 한마디로 말해서 율법을 통해서 '하나님에게서 인간에게로'이다.
- 그 다음 예언서는 하나님의 말씀을 대신하는 사람 즉 예언자들에게 의해서 기록된 것을 이스라엘 백성에게 전파한 말씀이다. 한마디로 말해서 예언자를 통해서 '하나님에게서 인간에게로'이다.
- 그리고 성문서는 하나님의 말씀에 대해서 인간의 응답하시는 말씀을 모아 놓은 것이다. 대표적인 것이 시편이다. 시편은 하나님께 드리는 기도요 찬송이다. 성문서는 한마디로 '인간에게서 하나님께로'라고 할 수 있다.

5) 이제 이것을 정리하면 하나님께서 인간에게 말씀하시되 율법서는 율법을 통해서 말씀하시고, 예언서는 예언자들의 입을 통해서 말씀하신다.

반면 성문서는 하나님의 말씀에 대한 인간의 응답을 말씀하고 있다. 이러한 점이 근본적 차이이다. 따라서 유대교의 히브리 성경 즉 '타나크'(TaNaK) 총 24권을 다음과 같이 정리할 수 있다.

율법서 (토라)	창세기, 출애굽기, 레위기, 민수기, 신명기 5권
예언서 (느비임)	전기 예언서 – 여호수아, 사사기, 사무엘서, 열왕기서 4권 후기 예언서 – 대예언서(이사야, 예레미야, 에스겔) 3권 소예언서(호세아-말라기) 12권
성문서 (케투빔)	시편, 욥기, 잠언, 룻기, 아가, 전도서, 예레미야 애가, 에스더, 다니엘, 에스라-느헤미야, 역대기 11권

6) 기독교는 구약성경과 신약성경을 함께 가지고 있다.

이것은 구약성경은 신약성경을 전제하고 말하는 것이다. 또한 신약성경 역시 구약성경을 전제하고 말씀하는 것이다. 구약과 신약은 서로 연결되어 있다. 그런데 구약이라는 말씀이 구약에는 없고, 신약에 있다(고후 3:14). 그리고 구약에 신약이라는 개념이 있다(렘 31:31-32). 이렇게 서로 연결되어 있으면서 연속성과 불연속성을 가지고 있다.

7) 성경은 서로 짝이 있다(사 34:16).

구약성경과 신약성경이 서로 같은 4+4로 구성되어 있다. 구약성경은 율법서, 역사서, 시가서, 선지서로 구성되고 있고, 신약성경은 복음서, 역사서, 서신서, 계시록으로 구성되어 있다. 이것을 도표로 그리면 다음과 같다.

구약성경(39권)	신약성경(27권)
율법서 (5권) 창세기-신명기	복음서(4권) 마태복음-요한복음
역사서(12권) 여호수아-에스더	역사서(1권) 사도행전
시가서(5권) 욥기-아가	서신서(22권) 고린도전후서-유다서
선지서(17권) 이사야-말라기	계시록(1권) 요한계시록

8) 성경 전체의 첫 번째 그룹이며, 구약성경의 첫 번째 그룹은 율법서이다.

1. 율법서의 이해, 율법서의 중심

1) 구약성경의 제일 첫 그룹이 율법서이다(느 8:1, 스 7:6). 또한 오경이라고 한다. 그리고 모세 오경이라고 한다. 이러한 명칭들에 강조점과 문제점이 있다. 구약성경의 다른 것은 전부 '서'인데, '경'이라고 한다. '경'이라고 하면서 중요성을 강조하는 것은 좋은데, 다른 것들과 차별이 될 수도 있다. 율법서는 구약성경 전체를 가리키기도 하고, 오경 내 율법서만 있는 것이 아니라, 서술도 함께 기록되어 있다. 그리고 율법서는 유대교에서 '토라' 즉 율법서라고 하면서 유대교적 냄새도 풍긴다. 하지만 구약과 신약 전체를 생각할 때 복음서와의 관계에서 율법서라고 하는 것이 좋을 것 같다.

2) 율법서는 창세기, 출애굽기, 레위기, 민수기, 신명기 5권이다. 율법서는 천지 창조의 시작에서 모세의 죽음까지를 기록하고 있다. 천지 창조 시대, 족장 시대, 출애굽 시대를 말씀하고 있다. 가나안 정복 시대 전까지를 기록하고 있다. 따라서 율법서는 범죄한 인간을 구원하기 위한 하나님의 구원 역사를 기록하고 있다. 출애굽이 핵심이다.

3) 율법서 전체 중심은 레위기이다. 창세기-출애굽기-레위기-민수기-신명기이다. 레위기는 레위기 1:1에서 "여호와께서 회막에서 모세를 부르시고 그에게 말씀하여 이르시되"라고 말씀하면서 시작하고 있다. 출애굽한 이스라엘 백성들이 하나님과 언약을 맺고, 하나님을 위한 성소를 세우자 하나님께서 회막으로 강림하셔서 이스라엘 백성들에게 주시는 말씀이 레위기이다. 구원받고, 언약을 맺고, 성소를 세운 이스라엘 백성들에게 이제부터는 하나님을 예배하는 백성으로 살아가야 한다는 말씀이 계시되고 있다.

4) 레위기는 하나님의 계시이다. 그 계시에는 규정, 명령, 법, 가르침이 있다. 특별히 하나님과 소통하는 방법, 하나님께 나아가는 예배에 대해서 말씀하고 있다. 정한 시간에, 정한 장소에서, 정한 예물을 가지고, 정한 방법대로 하나님을 만나야 한다는 것이다. 하나님은 예배를 통해서 하나님의 백성과 만나는 것이다. 이러한 예배를 올바르게 드리기 위해서는 하나님의 백성들은 정결한 것과 부정한 것을 구별해야

한다. 이러한 가르침을 레위기 11-16장에서 말씀하고 있다. 부정한 것을 멀리하고, 정결한 것을 따르는 삶을 통해서 구별된 삶을 살아야 한다. 세상과 세속과 구별되어야 한다. '내가 거룩하니 너희도 거룩할지니어다'(레 11:45)라는 말씀이 핵심이다.

5) 이렇게 레위기는 1-16장까지는 제사법전이고, 17-27장은 성결법전이다. 다시 말해서 성소에서 만나는 거룩하신 하나님과, 생활에서 만나는 거룩하신 하나님을 말씀하고 있다. 전반부에서는 하나님께 나아가기 위한 법규들과 거룩하신 하나님께 나아가는 방법이 제사 즉 예배라는 것을 가르쳐 주고 있다. '내가 거룩하다'는 것이다. 이어서 후반부에서는 하나님과 지속적인 교제를 위한 법규들과 거룩하신 하나님과 동행하는 방법이 순종 즉 거룩이라는 것을 가르쳐 주고 있다. '너희도 거룩하라'는 것이다. 세상에서 떨어져 나가 살라는 말씀이 아니다. 세상 안에서 성결해야 한다는 것이다. 하나님을 위하여, 하나님에 의해서, 하나님을 향하여 세상과 구별되는 것이 하나님의 백성, 이스라엘이 실현해야 할 거룩함이다.

2. 율법서의 구조, 율법서의 구분

1) 율법서 5권을 다시 크게 두 부분으로 나눌 수 있다. 하나는 창세기이며, 다른 하나는 출애굽기에서 신명기까지이다. 여기에 핵심은 모세이다. 모세를 중심으로 모세 이전의 창세기와 모세 이후의 출애굽기에서 신명기까지이다. 왜냐하면 출애굽기에서 모세의 출생에서 시작하여 신명기에서 모세의 죽음으로 끝을 맺기 때문이다.

2) 창세기는 출애굽기에서 신명기까지의 서론적 역할을 한다. 모세 이전 시대에 대해 말씀하고 있다. 이러한 창세기는 천지창조로 시작하여 요셉의 죽음으로 끝을 맺는다. 창세기는 아브라함을 중심으로 아브라함의 이전과 그 이후로 창세기 1-11장을 원역사 즉 태고사라고 하고, 창세기 12-50장을 족장사라고 한다.

3) 출애굽기에서 신명기는 모세의 출생과 모세의 죽음 사이에서 모세를 통해 전개되었던 하나님의 역사를 말씀하고 있다. 이러한 역사를 통해 이스라엘 백성이 누구이며, 이스라엘 백성이 어떻게 살아야하는지를 말씀하고 있다. 더 나아가서 모세가 해야 할 사명, 이스라엘 백성들을 하나님의 백성으로 조성하는 것이다.

4) 출애굽기에서 신명기는 애굽에서 모압으로 가는 여행이다. 단순한 순례가 아니라 행진이다. 여러 경로를 거쳐 목적지

에 이르는 여정이다. 그래서 "이스라엘이 .... 를 떠나....에 진을 쳤다"라는 말씀이 계속 나타나고 있다(출 12:37, 13:20, 16:1, 17:1, 19:2, 민 10:33, 12:16, 20:22 21:10-13, 22:1, 33:6-48, 50, 35:1, 36:13, 신 1:5, 1:19, 2:14, 10:6-7 등). 따라서 출애굽기에서 신명기까지 구조를 보면 다음과 같다.

- A. 애굽에서 시내산까지이다(출 1:1-민 10:10)
  - a. 시내산에로의 여행(출 1:1-18:27)
  - b. 시내산에서의 사건(출 19:1-민 10:10)
- B. 시내산에서 모압까지이다(민 10:11-신 34:12)
  - a. 모압에로의 여행(민 10:10-36:13)
  - b. 모압 평지에서의 사건(신 1:1-34:12)
- 여기에서 애굽에서 시내산까지는 출애굽이 시내산으로 향하여 가고 있다. 출애굽 사건은 여행의 시작에 불과하다. 애굽의 억압에서 출애굽은 출애굽 그 자체가 목적이 아니다. 시내산에 이르러서야 출애굽의 목적이 성취되고 있다. 출애굽은 시내산 사건의 전제 조건이며, 시내산 사건은 출애굽 사건의 완성이다. 하지만 시내산에서 모압까지는 애굽에서 시내산까지와 다르다. 시내산 사건의 경우 이전까지의 여행에서 일어났던 실패에 대해서 말씀하지 않는다. 그렇지만 모압 평지에서의 사건 즉 모세의 설교는 이전까지의 여행에서 일어났던 이스라엘의 실패와 좌절에 대한 반성을 하고 있다. 40년 동안의 광야 생활도 모

압에서의 사건을 향하고 있다.

- 그렇다면 모압 평지에서의 사건 즉 모세의 설교(신명기)는 이스라엘의 여행에서 경험했던 실패와 좌절을 교정하기 위한 설교로 시내산 말씀의 재해석인 것이다. 여기에서 애굽에서 시내산(출 1:1-민 10:10)은 여호와 하나님의 행위에 초점을 두고 있다면, 시내산에서 모압(민 10:11-신 34:12)은 여호와 하나님의 행위에 대한 인간의 반응에 초점을 두고 있다. 따라서 출애굽 자체가 목적이 아니라, 출애굽을 통한 하나님의 백성의 삶, 성화에 목적이 있다는 사실이다. 구원에서 성화까지이다. 이러한 말씀은 율법서의 중심인 레위기의 말씀과 맥을 같이하고 있다.

5) 창세기는 원역사를 통해 인류의 역사의 시작을 말씀하고 있다. 그리고 출애굽기에서 신명기는 모세를 통한 이스라엘의 역사를 말씀하고 있다. 그 사이에 족장사, 아브라함-이삭-야곱-요셉을 통해서 이스라엘 역사의 출발을 위한 근거, 뿌리를 말씀하고 있다. 따라서 인류의 역사, 한 가족의 역사, 이스라엘의 역사의 구조로 되어 있다. 한 가족 즉 아브라함으로부터 시작되었다는 것이다. 출애굽기는 모세의 출생과 연관되어, 모세 이전의 한 가족의 계보 즉 아브라함에서 시작되어 야곱의 12지파 즉 이스라엘의 민족 형성에 대해서 말씀하고 있다. 그래서 창세기 끝에 요셉이 죽고, 출애굽기에서 야곱에서부터 이스라엘의 새로운 시작을 말씀하고 있

다. 야곱이 이스라엘 자손의 혈연성의 조상이라고 한다면, 모세는 이스라엘 자손의 정신적 조상이라고 할 수 있다.

6) 그러므로 율법서는 족장으로서의 이스라엘(야곱-이스라엘)이 이제 모세에 의해서 하나님의 백성으로 이스라엘(모세-이스라엘)로 대치되는 과정을 말씀하고 있다. 전자가 창세기라면, 후자는 출애굽기에서 신명기이다. 전자가 이스라엘 족장의 계보를 밝히는 틀에서 기록되었다면, 후자는 모세의 공생애, 일대기라는 틀 속에서 기록되어 있다.

7) 그러면서 출애굽기는 창세기와 아주 밀접하게 연결되어 있다. 우리말 개역개정에서는 발견할 수 없지만, 원문에서는 출애굽기 1:1에서 접속사 '와우'로 시작하고 있다. 그리고 출애굽기가 출애굽기 40:34-38에서 여호와의 영광이 성막에 충만하였다는 것을 말씀하고 있다. 이러한 성막은 성전으로 이어지고, 성전은 에덴의 모형이다.

- 이러한 사실은 에스겔 28:13-14, 16, 18에서 에덴은 하나님의 동산, 그 가운데 성소가 있는 하나님의 성산이라고 말씀하고 있다. 또한 에스겔서는 에덴에서 제사장과 같이 보석이 박힌 옷을 입은 아담과 같은 인물에 대해서 말씀하고 있다(겔 28:13, 출 28:17-20). 이 제사장의 죄는 성소를 더럽히고 이로 인해 자신이 내쫓긴다고 한다(겔 28:17-18). 따라서 에스겔서에서 에덴동산은 성전으로 불리고, 제사장으로 아담 같은 인물이 나타나고 있다.

- 그래서 에덴동산에 하나님께서 친히 강림하시어 거니시는 모습(창 3:8)과 생명나무의 길로 가는 길목을 지키기 위하여 에덴동산의 동쪽에 위치한 그룹들(창 3:28), 에덴동산에서 생명을 제공해 주는 생명 나무는 에덴 동산의 원형적 성전이라는 사실을 시사해 주고 있다(창 2:9-10). 그러므로 에덴동산(창 1-3장)과 성막의 완성(25-40장)이 연결되고 있다. 에덴동산은 하나님이 창조 전에 처소로서 삼고 계셨던 하늘이 창조 후 땅으로 내려온 곳이다.

- 이제 하나님은 성막에 여호와의 영광이 충만한 가운데 임재하시는 것이다. 하나님은 인간이 타락하여 에덴동산을 파괴하고, 상실하였다. 그러나 하나님은 상실된 에덴동산을 그대로 내버려 두실 수 없었다. 다시 회복-완성하기 위해서 구속의 역사를 경영해 나가시는 것이다. 에덴동산의 회복을 위해서 성막에 영광 가운데 충만히 임재하시는 것이다. 이것이 성전으로, 예수 그리스도로, 교회로, 새 예루살렘으로 하나님의 창조 목적을 회복하여 완성해 가는 것이다.

결론 성경은 크게 두 부분으로 나눈다. 하나는 구약성경이고, 다른 하나는 신약성경이다. 이러한 구약성경과 신약성경은 서로 교차 대칭 구조를 이루고 있다. 구약성경의 39권은 율법서, 역사서, 시가서, 선지서의 네 기둥, 네 장르로 이루어져 있다. 신약성경의 27권도 복음서, 역사서, 서신서, 계시록 이렇게 네 기둥, 네 장르로 이루어져 있다. 서로 다른 권수임에도 불구하고 4+4의 구조를 이루고 있다.

1) 성경 전체의 첫째 그룹이며, 구약성경의 첫째 그룹은 율법서이다. 오경, 모세 오경이라고 한다. 창세기, 출애굽기, 레위기, 민수기, 신명기 5권이다. 5권의 제일 중심은 레위기이다. 단순히 순서상의 중심일 뿐만 아니라, 내용적으로, 영적으로도 가장 핵심적인 내용이다. 따라서 레위기는 율법서의 핵심이며 중심이다.

2) 율법서는 천지창조에서 시작하여 모세의 죽음으로 끝을 맺고 있다. 창세기는 아담도 죽고, 아브라함도 죽고, 이삭도 죽고, 야곱도 죽고, 요셉의 죽음으로 끝을 맺는다. 그리고 더 나아가서 출애굽기, 레위기, 민수기, 신명기에서 이스라엘의 위대한 영웅, 하나님의 사람 모세도 죽었다. 그러한 죽음에서 새로운 시작이 펼쳐지는 것이다. 그것이 바로 출애굽 사건이며, 성막이다. 모세가 죽고 여호수아를 통해서 새로운 시작을 하고 있다. 그래서 율법서가 끝나고 역사서의

시작인 여호수아서가 시작되고 있다. 특별히 신명기를 통해서 역사서를 시작하고 있다. 하나님의 말씀에 순종하면 흥하고, 하나님의 말씀에 불순종하면 망하게 된다는 것을 말씀하고 있다.

3) 율법서 전체를 우리의 신앙과 연결해서 간략하게 생각해 보고자 한다.

- 창세기는 한마디로 시작이다. 약속이다. 창조로부터 시작하여 타락과 심판, 구속의 청사진을 보여주고 있다. 만물의 시작과 함께 타락의 시작도 함께 말씀하고 있다. 그 핵심은 타락이다.
- 출애굽기는 한마디로 구속이다. 해방이다. 이스라엘 백성들의 구속과 그 과정을 보여줌으로 하나님의 백성들의 구원의 여정을 알게 하고 있다. 하나님께서 모세를 통해서 이스라엘 백성들을 애굽에서 구원하신 것을 말씀하고 있다. 그 핵심은 구원이다.
- 레위기는 한마디로 거룩이다. 예배이다. 하나님께 나아가는 방법과 하나님과 동행하는 방법을 알게 하고 있다. 그러면서 '내가 거룩하니 너희도 거룩하라'고 말씀하고 있다. 그 핵심은 거룩이다.
- 민수기는 한마디로 광야이다. 훈련이다. 이스라엘 백성들의 그릇된 길을 보여줌으로 하나님의 백성들의 바른 믿음

의 여정을 가르쳐 주고 있다. 광야에서 이스라엘 백성들의 삶에 대해서 말씀하고 있다. 광야를 여행하는 이스라엘 백성들은 처음부터 끝까지 계속해서 불평하고, 원망하고 있다. 그 핵심은 훈련이다.

- 신명기는 한마디로 교육이다. 설교이다. 모압 언약을 통해서 출애굽의 새로운 세대에게 율법을 반복, 강조, 확장하여 재교육하고 있다. 순종하면 복을 받고, 불순종하면 저주를 받는다. 그 핵심은 순종이다. 이것을 도표로 나타내면 다음과 같다.

성경	핵심	내용
창세기	타락	범죄-심판-은혜
출애굽기	구원	범죄-은혜-죽음(유월절 어린 양의 죽음)
레위기	거룩	범죄-구원(제사, 속죄)-거룩(내가 거룩하니 너희도 거룩하라)
민수기	훈련	광야에서 불평, 원망, 시기, 비방, 정리 청산 - 훈련
신명기	순종	순종하면 복, 불순종하면 저주 / 회개하면 용서와 구원

4) 율법서는 하나님 나라의 시작과 그 원리를 말씀하고 있다. 국가에는 세 가지 요소가 있다. 바로 국민, 주권, 영토이다. 하나님의 나라도 마찬가지이다. 이것을 도표로 나타내면 다음과 같다.

율법서	하나님 나라의 시작(설계도) – 국민, 영토, 주권
창세기	하나님 나라 시작(원리와 필요성)
출애굽기	하나님 나라 백성 만들기
레위기	하나님 나라 백성의 거룩
민수기	하나님 나라 백성의 훈련
신명기	하나님 나라의 주권인 말씀

여호야김 시대에 바벨론의 왕 느부갓네살이 올라오매
여호야김이 삼 년간 섬기다가 돌아서 그를 배반하였더니

During Jehoiakim's reign, Nebuchadnezzar king of Babylon invaded the land, and Jehoiakim became his vassal for three years. But then he changed his mind and rebelled against Nebuchadnezzar.

열왕기하 25:11

07

구약성경의 역사서

07 | 구약성경의 역사서

성경의 이해 : 열왕기하 25:1-7, 역대하 36:22-23

서론 성경은 통일성과 다양성을 가지고 있다. 성경은 한 권이면서, 66권이다. 이러한 성경은 크게 두 부분으로 나눈다. 하나는 구약성경이고, 다른 하나는 신약성경이다.

1) 유대교와 기독교 즉 개신교와 차이가 있다.

더 나아가서 천주교와도 차이가 있다. 유대교는 기독교의 성경을 '타나크'(TaNaK)라고 한다. 혹은 히브리어 성경이라고 한다. 왜냐하면 기독교의 신약성경을 인정하지 않기 때문이다. 그 대신 유대교는 '타나크'와 '탈무드'를 정경으로 간주한다.

2) 천주교는 구약성경과 신약성경의 중간기에 기록된 외경도 정경으로 인정하고 있다.

구약과 신약의 중간기, 영적 암흑기, 침묵기에 하나님의 계시가 없는 그 시기에 기록한 외경을 받아들이고 있다. 기독교의 39권에다, 토비트, 유딧, 마카비상, 마카비하, 지혜서, 집회서, 바룩서 7권이 더 추가 되고 있다. 천주교는 구약성경 39권과 7권을 추가하여 46권과 신약성경 27권 총합계 73권이 된다. 여기에 정교회는 천주교의 46권에다 마카비 3서, 마카비4서, 송시, 솔로몬의 시편, 예레미야의 편지, 수산나, 벨과 용 7권이 더 추가되어 53권이 되고 있다. 따라서 총합계가 80권이 된다.

3) 하지만 진정한 기독교는 유대교와 다르고, 천주교와도 다르고, 정교회와도 다르다.

진정한 기독교는 구약성경의 39권만을 정경으로 인정하고 있다. 그렇다면 어느 것이 더 성경적인가? 여기에 대해 구약성경은 신약성경을 전제하고 말하는 것이다. 또한 신약성경 역시 구약성경을 전제하고 말씀하는 것이다. 구약과 신약은 서로 연결되어 있다. 그런데 구약이라는 말씀이 구약에는 없고, 신약에 있다(고후 3:14). 그리고 구약에 신약이라는 개념이 있다(렘 31:31-32). 이렇게 서로 연결되어 있으면서 연속성과 불연속성을 가지고 있다.

4) 성경은 서로 짝이 있다(사 34:16).

구약성경과 신약성경이 서로 같은 4+4로 구성되어 있다. 구약성경은 율법서, 역사서, 시가서, 선지서로 구성되어 있고, 신약성경은 복음서, 역사서, 서신서, 계시록으로 구성되어 있다. 이것을 도표로 그리면 다음과 같다.

구약성경(39권)	신약성경(27권)
율법서 (5권) 창세기-신명기	복음서(4권) 마태복음-요한복음
역사서(12권) 여호수아-에스더	역사서(1권) 사도행전
시가서(5권) 욥기-아가	서신서(22권) 고린도전후서-유다서
선지서(17권) 이사야-말라기	계시록(1권) 요한계시록

5) 구약성경 첫 번째 그룹이 율법서이다.

그 다음 두 번째 그룹이 역사서이다. 역사서는 율법서와 시가서를 연결하는 다리 역할을 한다.

1. 역사서의 이해, 역사서의 구분

1) 역사서는 기독교 전통에서 율법서 다음의 두 번째 그룹이다. 여호수아에서 에스더까지 총 12권이다. 구약성경의 역사서는 가나안 정복부터 시작하여(B.C. 1400년경) 사사 시대를 지나 신정국가 이스라엘 왕정 체제를 거쳐, 남북 이스라엘의 멸망, 포로 귀환 그리고 제2성전 시대 초반(B.C. 400년경)까지를 포함하고 있다.

2) 역사서 대부분은 이스라엘 왕국과 유다 백성의 역사(歷史) 속에 역사(役事)하신 하나님을 말씀하고 있다. 그 중에 룻기와 에스더는 역사 기록이 아니다. 하지만 기독교에서 구약

성경 역사서는 룻기와 에스더를 포함하고 있다. 그 이유는 룻기는 사사 시대를 배경으로 하고, 에스더는 바사 시대를 배경으로 하기 때문이다.

3) 역사서는 방대한 기간을 기록하고 있다. 이것을 이스라엘 역사를 왕국 중심으로 구분하면 다음과 같다.

- 첫째, 왕국 이전 시대이다. 여호수아와 사사기와 룻기이다. 가나안 정복 시대와 사사 시대이다.
- 둘째, 왕국 시대이다. 사무엘상하, 열왕기상하, 역대상하이다. 통일 왕국 시대와 분열 왕국 시대이다.
- 셋째, 왕국 이후 시대이다. 에스라, 느헤미야, 에스더이다. 바벨론 포로기와 귀환 시대이다.

4) 역사서는 엄밀히 말해 역사 기록이 아니다. 이스라엘 백성들이 거쳐 왔던 역사적 자취를 신앙의 눈으로 검토, 진단, 처방하고 있다. 따라서 역사적 사실을 있는 그대로 기록하기보다는 그것을 믿음의 눈으로 해석해 간 열매를 말씀하고 있다. 또한 이스라엘의 정체성을 드러내고 있다.

5) 역사서는 율법서와 시가서를 연결해 주는 다리 역할을 한다.

2. 역사서의 관점

1) 구약에는 열왕기상하와 비슷한 역사서가 또 하나 있다. 바로 역대기상하이다. 우선 열왕기와 역대기 역사서는 시대적 배경이 다르다. 열왕기는 이스라엘 백성들이 바벨론 제국에 의해 멸망하는 것을 기록한 역사이다. 반면에 역대기는 이스라엘 백성들이 바벨론 포로 생활을 모두 마친 후 고국으로 돌아오는 시기에 기록한 역사이다.

2) 그러므로 열왕기가 반성의 역사라면 역대기는 본보기의 역사이다. 열왕기가 회개를 촉구하고 있다면, 역대기는 긍지와 자부심을 심어주고 있다. 열왕기가 잘못한 것을 지적하고 있다면, 역대기는 잘한 것을 드러내고 있다. 열왕기가 이렇게 살면 안 된다는 것을 보여주고 있다면, 역대기는 이렇게 살아야 된다는 것을 보여주고 있다. 이러한 열왕기와 역대기를 비교하면 다음과 같다.

열왕기서	역대기
선지자의 관점(예, 심판)	제사장 관점(예, 소망)
전쟁에 대한 기사가 많이 나옴	성전에 관한 기사가 많이 나옴
왕권의 운명	다윗 계보의 연속
이스라엘과 유다의 기록	유다 중심의 기록
도덕성	구속

3) 그래서 역사서는 여호수아에서 에스더까지 긴 기록을 바라보는 두 개의 서로 다른 관점이 섞여 있다.

- 첫째, 신명기 역사(Deuteronomistic History)이다. 역사서의 기초를 신명기를 서론으로 하여 바라보는 관점이다. 즉 모세의 설교인 신명기를 역사 기록의 서문으로 삼고, 그 바탕에서 가나안 땅 정착에서부터 이스라엘 왕국의 패망에 이르는 이스라엘 왕국 시대를 증언하고 있는 관점이다. 이스라엘 역사의 흥망성쇠를 모세 신앙에서 바라보는 것이다. 선지자적 관점에서 실패의 역사를 말씀하고 있다. 언약에 충실해야 하지만 언약에 충실하지 못하여 결국 하나님의 심판을 받았다는 것이다. 여기에는 여호수아에서 열왕기하까지이다. 총 7권이다.
- 둘째, 역대기 역사(Chronicler's History)이다. 역사서의 기초를 역대기를 서론으로 하여 바라보는 관점이다. 즉 이스라엘의 정체성을 다윗과 시온의 안목에서 헤아리는 관점이다. 제사장적 관점에서 회복의 역사를 말씀하고 있다. 그것도 이스라엘 백성들이 죄를 지었음에도 불구하고 다시 은혜를 베푸시고 회복케 하신다는 것이다. 하나님의 절대적 주권에 의한 은혜의 역사이다. 따라서 하나님의 약속과 성취에 대한 패턴을 말씀하고 있다. 여기에는 역대상에서부터 에스더까지이다. 총 5권이다.

4) 따라서 열왕기는 다윗의 죽음(왕상 1:1-2:12)에서 여호야긴

의 석방(왕하 25:27-30)에 이르는 이스라엘 왕국사라고 한다면, 역대기는 이스라엘 왕국사의 기원을 아담에게까지 소급하여 시작하고 있다. 그리고 바사 왕 고레스의 등장까지를 기록하고 있다. 그래서 열왕기가 사기(史記)라면, 역대기는 열전(列傳)이라고 할 수 있다.

결론 율법서 다음의 구약성경의 두 번째 그룹이 역사서이다. 역사서는 여호수아에서 에스더까지 12권이다. 따라서 역사서는 율법서와 시가서를 연결해 주는 교량 역할을 한다.

1) 역사서란 말 그대로 역사를 기록한 것이다. 그럼 누구의 역사를 기록한 것인가? 이스라엘 백성들의 역사이다. 다시 말하면 이스라엘 백성들에 대한 하나님의 역사를 기록한 것이다.
2) 그렇다면 우리가 역사서를 알아야 할 이유가 무엇인가? 그것도 이스라엘의 역사를 말이다. 그것은 하나님께서 하나님의 뜻을 계시하는 주요 수단 중 하나가 역사이기 때문이다. 역사는 하나님께서 활동하시는 무대이기 때문이다. 따라서 구약의 역사서는 단순히 이스라엘의 역사를 나열한 것이 아니라, 역사를 운행하시는 하나님의 섭리가 담겨 있다.
3) 역사는 단순한 사실(facts)을 나열한 것이 아니다. 오히려 역

사란 과거 사건에 대한 해석이라고 할 수 있다. 역사를 기록할 때 중요한 것은 역사를 보는 관점, 즉 사관(史觀)이다. 일정한 사관에 의해서 기록되었다. 이러한 역사서의 가장 중요한 분기점은 열왕기하와 역대기상이다.

4) 역사서는 크게 두 가지의 서로 다른 관점을 가지고 있다. 먼저 신명기 역사이다. 여호수아 앞에 기록된 신명기를 중심으로 기록한 역사이다. 선지자적 관점에서 기록한 역사이다. 여호수아서에서 시작하여 열왕기하까지이다. 가나안 정복에서 시작하여 북쪽 이스라엘의 멸망과 남쪽 유다의 멸망까지를 기록한 이스라엘 백성들의 실패의 역사를 기록하고 있다. 그러한 실패의 역사는 신명기의 말씀의 핵심 즉 하나님의 말씀에 순종하면, 복을 받고, 하나님의 말씀에 불순종하면 저주를 받는다는 말씀에 근거하여, 이스라엘 백성들은 하나님의 말씀에 불순종하여 우상숭배를 하고, 온갖 죄악을 저질렀기 때문에 결국 멸망한 것이다. 또한 이스라엘 백성들은 다윗의 길로 가야 하는데, 다윗의 길로 가지 않고, 여로보암의 길로 갔기 때문에 결국 멸망한 것이다. 이러한 역사를 간단히 도표로 보면 다음과 같다.

여호수아	사사기	룻기, 사무엘상하	열왕기상하
흥(興)	망(亡)	성(盛)	쇠(衰)

5) 그 다음은 역대기 역사이다. 열왕기하 다음에 역대기상하를 중심으로 기록한 역사이다. 제사장적 관점에서 기록한 역사이다. 역대기상에서 시작하여 에스더까지이다. 아담으로부터 시작하여 다윗으로, 결국 바벨론 포로를 거쳐 바벨론 포로에서 돌아옴까지를 말씀하고 있다. 아담부터 시작하는 족보를 통해서 신앙의 정통성 회복을 말씀하고 있다. 그리고 다윗과 솔로몬을 통해 성전 건축을 말씀하고 있다. 하지만 그렇게 세워진 성전이 바벨론 포로로 잡혀감으로 인해 완전히 초토화 되어 무너졌다는 것이다. 하지만 하나님은 신실하셔서 이스라엘 백성들에게 은혜를 베푸셔서 에스라와 느헤미야를 통해서 다시금 바벨론 포로에서 예루살렘으로 돌아와서 성전을 재건하고, 성벽을 재건하게 하셨다.

뿐만 아니라 종교개혁을 단행하게 하셨다. 이렇게 하나님께서는 바사 즉 페르시아 왕국에서도 이스라엘 백성들을 보존해 주셨다. 하나님의 절대적 주권으로 베푸시는 은혜의 역사를 말씀하고 있다. 이렇게 한마디로 역대기 역사는 회복의 역사를 말씀하고 있다.

이러한 역사를 간단히 도표로 보면 다음과 같다.

역대상, 하	에스라	느헤미야	에스더
다윗 왕조 보존 (회고)	성전 재건 (회복)	성벽 재건 (재건)	백성 보존 (보존)

6) 이러한 역사서는 크게 셋으로 시대별로 분류할 수 있다. 첫째, 신정 시대이다. 신정 시대를 다르게 말하면 왕정 이전 시대라고 할 수 있다. 신정 시대는 여호수아, 사사기, 룻기이다.

둘째, 왕정 시대이다. 왕정 시대는 사무엘상하, 열왕기상하, 역대상하이다. 셋째, 포로(후) 시대이다. 포로(후) 시대를 다르게 말하면 왕정 이후 시대라고 할 수 있다. 포로(후) 시대는 에스라, 느헤미야, 에스더이다. 바로 왕정 시대의 핵심은 다윗이다. 다윗이 중심이다. 이러한 다윗을 중심으로 사무엘서와 열왕기서가 서로 대칭 구조를 이루고 있다. 그러면서 크게 두 가지 중요한 주제가 부각되고 있다. 하나는 눈멈의 주제요, 다른 하나는 듣는 귀의 주제이다. 이것을 간략하게 구조적으로 보면 다음과 같다.

- A 마지막 사사 삼손 : 두 눈 뽑힘(삿 16:21)
  - B 제사장 엘리의 파멸 : 두 귀가 울림(삼상 3:11) - 경고적 의미, 예방적 목적
  - B' 왕 므나셋의 파멸 : 두 귀가 울림(왕하 21:12)
- A' 마지막 왕 시드기야 : 두 눈 뽑힘(왕하 25:7) - 회개적 의미, 회복의 목적

여호와께 그의 이름에 합당한 영광을 돌리며
거룩한 옷을 입고 여호와께 예배할지어다.
Ascribe to the LORD the glory due his name;
worship the LORD in the splendor of his holiness.
시편 29:2

08

구약성경의 시가서

08 | 구약성경의 시가서

성경의 이해 : 시편 29:2, 전도서 12:13

서론 성경은 한 권이며, 66권이다. 통일성과 다양성을 가지고 있다. 또한 역사성과 점진성도 함께 가지고 있다. 그리고 연속성과 불연속성도 함께 있다. 이러한 성경은 크게 두 부분으로 나눈다. 하나는 구약성경이고, 다른 하나는 신약성경이다. 구약성경과 신약성경은 4+4로 서로 대칭 구조 혹은 병행적 구조를 이루고 있다.

1) 구약성경의 첫 번째 그룹이 율법서이다.

율법서는 모세를 중심으로 크게 두 부분으로 나눈다. 모세를 중심으로 모세 이전의 시대 즉 창세기와 모세 이후의 시대 출애굽기, 레위기, 민수기, 신명기로 나눌 수 있다. 왜냐하면 출애굽기에서 신명기는 모세의 출생에서부터 모세의 죽음까지를 말씀하고 있기 때문이다.

2) 출애굽기에서 신명기는 크게 세 부분으로 나눌 수 있다.

- 첫 번째는 애굽에서 시내산까지이다(출 1장-18장).

- 두 번째는 시내산에서이다(출 19장-민 10:10)
- 셋 번째는 시내산에서 모압까지이다(민 10:11-신 34장).
- 따라서 여기에서 아주 중요한 진리는 출애굽이 진정한 목적이 아니라는 것이다. 출애굽 했다면 시내산까지 가야 한다. 시내산에서는 모압까지 가야 한다. 구원이 목적이 아니라, 성화와 영화가 목적이라는 것이다. 그래서 구원은 시작이며, 이동이라는 사실을 보여주고 있다.

3) 구약성경의 두 번째 그룹이 역사서이다.

역사서는 여호수아부터 시작하여 에스더까지 총 12권이다. 이스라엘 역사를 왕국 중심으로 구분하면 다음과 같다.

- 첫째는 왕국 이전 시대이다. 여호수아와 사사기와 룻기이다.
- 둘째는 왕국 시대이다. 사무엘상하, 열왕기상하, 역대기상하이다.
- 셋째는 왕국 이후 시대이다. 에스라, 느헤미야, 에스더이다.

4) 역사서의 중요한 분기점은 열왕기하와 역대기상이다. 서로 다른 배경과 서로 다른 관점에서 기록된 두 역사서가 있다.

- 첫째는 신명기 역사이다. 이스라엘 백성들의 흥망성쇠를 말씀하고 있다. 실패의 역사이다. 선지자적 관점에서 말씀하고 있다.

- 둘째는 역대기 역사이다. 하나님의 절대적 주권에 의한 은혜의 역사이다. 회복의 역사이다. 제사장적 관점에서 말씀하고 있다.

5) 구약성경의 세 번째 그룹이 시가서이다.

시가서는(5) 율법서와 역사서(17) 그리고 선지서(17)의 중심이다. 17+5+17이다.

1. 시가서의 이해

1) 시가서는 욥, 시편, 잠언, 전도서, 아가서이다. 유대인의 '타나크'는 율법서의 토라와 예언서의 느비임과 성문서의 케투빔으로 구성되어 있다. 율법서를 가장 귀한 지성소로, 예언서를 성소로, 그리고 성문서를 성막 뜰로 분류하기도 한다.

2) 유대교의 토라 즉 율법서는 하나님이 모세를 통해 이스라엘 백성들에게 주신 말씀, 가르침, 교훈을 지칭하고 있다. 예언서는 이스라엘 왕국 시대 이후 역사의 무대에 등장했던 대변자들, 즉 하나님의 뜻을 맡아 백성 앞에 서서 전달했던 사람들, 곧 선지자들, 혹은 예언자들이 전달한 하나님의 말씀 즉 신탁을 기록해 놓은 것이다. 성문서는 그 하나님의 가르침(토라)과 말씀(예언서)에 대한 이스라엘 백성들 즉 신앙인들

의 반응을 모아 놓은 글들이라고 말할 수 있다. 성문서는 인간 편에서 하나님께 대한 또한 하나님이 하신 일과 말씀에 대한 인간의 반응인 것이다.

3) 유대교의 성문서(11)는 시가서와 오축과 역사서로 나눌 수 있다. 시가서(3)는 시편, 잠언, 욥이다. 오축(다섯 두루마리 책)은 아가, 룻기, 애가, 전도서, 에스더이다. 유대교에서는 절기에 맞춰 낭독하던 두루마리였다. 아가서는 유월절, 룻기는 칠칠절, 애가서는 아빕월 9일, 전도서는 장막절, 에스더서는 부림절이다. 역사서(3)는 다니엘, 에스라-느헤미야, 역대기이다. 이 중에 시가서(3)과 오축의 아가와 전도서가 기독교에서는 시가서이다. 이러한 성문서 중에서 욥기, 시편, 잠언, 전도서, 아가서가 기독교에서 시가서(지혜)가 된다.
그 중에 욥기, 잠언, 전도서의 공통점 가운데 하나는 이 세 권이 모두 '지혜'와 관련되어 있다. 그래서 시 문학의 시편과 지혜 문학의 욥기, 잠언을 시가서라고 하고, 지혜 문학의 전도서를 히브리 성경에서 코헬렛(Qoheleth, 설교자)이라고 부른다.

4) 율법서와 역사서가 세상살이에 대한 하나님의 말씀이라면, 시가서는 하나님의 가르침에 대한 일상생활의 반응이라고 할 수 있다. 현재의 경험 혹은 체험을 말씀하고 있다.
왕이, 왕국이, 지도자들이 망가뜨린 하나님의 나라를 일상생활을 통해서 개선해보려고 한다. 따라서 세속화된 사회에서 하나님의 사람이 어떻게 살아야 되는지를 격언의 형식으로 보여주고, 가르치는 것이 '잠언'이고, 설교의 형식으로 보여주고, 가르치는 것이 '전도서'이며, 논쟁의 형식으로 보여주고 가르치는 것이 '욥기'이다.

5) 시가서의 중심은 잠언이다. 지혜서의 으뜸이기도 하다. 유대교의 '타나크'나 기독교의 시가서의 중심은 모두 잠언이다. 잠언은 잠언 1:7과 9:10에서 '여호와를 경외하는 것이 지식과 지혜의 근본이라'는 말씀으로 처음과 끝을 맺고 있다. 그러면서 세상살이에는 두 가지 길이 있다는 것이다. 하나는 의인의 길이고, 다른 하나는 악인의 길이다.
지혜를 따르는 길과 지혜를 무시하는 길이다. 그리고 더 나아가서 두 여인이 등장하여, 지혜로운 여인과 부도덕한 여인을 말씀하고 있다. 지혜의 여인은 의인의 길, 생명의 길, 복된 길로 인도한다. 하지만 부도덕한 여인은 죽음의 길로 들어가게 한다. 그래서 잠언은 인간의 지혜와 하나님의 지혜를 비교하고 있다.

인간의 지혜	하나님의 지혜
정직(14:2)	선한 말(15:26)
사랑으로 희락함(7:18)	명령을 지키라(3:1-2)
눈으로도 만족 없음(27:20)	겸손한 자(11:2)
용서하지 않음(6:34)	행동을 삼감(14:15)
욕심이 많음(28:25)	지혜를 가짐(3:18)

자기 집을 해롭게 함(11:29)	속이지 않음(21:6)
떠들며 어리석음(9:13)	자기 죄를 자복함(28:13)

2. 시가서의 핵심

1) 유대교의 '타나크'에서 성문서 중에서 제일 앞에 기록된 것이 시편이다. 우리말 개역개정은 욥기이다. 하지만 성문서 중에서 시편이 제일 앞에 기록되었다는 것은 시편의 경전성(정경성)이 일찍부터 인정되었다는 것이다(눅 24:44).

2) 시편은 구약성경 중에서 인간이 하나님께 나아가는 또한 다른 사람에게 하나님의 행위와 놀라우신 능력을 알려주는 가장 대표적인 것이다. 한마디로 이스라엘 백성들의 영혼으로부터 하나님께 전달되는'아래로부터의 기도들'이다. 이스라엘 백성들의 예배에 아주 중요한 역할을 했다.

3) 그래서 시편은 땅에서 하늘로 오는 기도이다. 이 기도문의 생김새는 크게 세 부분으로 구성되어 있다. '복 있는 사람은'(시 1:1)에서 "여호와께 피하는 모든 사람은 다 복이 있도다"(시 2:12)로 마치는 서시(序詩)로 시작해서 본론의 기도문(시 3-145편)을 거쳐 마지막 송영(146-150)의 '할렐루야'로 시작하여 '할렐루야'로 끝을 맺고 있다. 모두 10번이다. 10이란 숫자는 충만함이다. 하나님이 세상을 창조하실 때 10

번 말씀하셨다(창 1장).

하나님은 이스라엘과 언약을 맺을 때 10계명을 주셨다(출 20장) 이제 시편 제5권에 그 창조의 충만함에, 언약의 충만함에 10번의 할렐루야(하나님을 찬양하라)로 화답하고 있다. 하나님의 창조와 구원에 찬양으로 화답하는 것이 인간의 도리라는 것이다.

4) 이러한 시편은 총 5권으로 구성되어 있다. 마치 모세 오경이 다섯 권인 것과 같이 시편도 총 다섯 권으로 구성되어 있다. 오경적 구조로 이루어져 있다. 제1권은 시편 1-41편의 다윗의 시이고, 제2권은 42-72편의 다윗과 고라의 시이고, 제3권은 73-89권의 아삽과 고라의 시이고, 제4권은 90-106권의 신뢰와 제왕의 시이고, 제5권은 107-150권의 개인의 찬양시와 할렐루야 시로 끝을 맺고 있다. 이것을 도표로 나타내면 다음과 같다.

제1권	제2권	제3권	제4권	제5권
1............41	42..........72	73..........89	90.......106	107.....150

5) 이러한 시편의 각 권을 끝내는 마지막 시편의 끝 절은 소위 '송영'이라고 불리는 구절들로 끝을 맺고 있다(시 41:13, 72:19, 89:52, 106:48, 150:6). 이것을 도표로 나타내면 다음과 같다.

제1권	제2권	제3권	제4권	제5권
이스라엘의 하나님 여호와를 영원부터 영원까지 송축할지로다, 아멘, 아멘 (시 41:13)	홀로 기이한 일들을 행하시는 여호와 하나님 곧 이스라엘의 하나님을 찬송하며 그 영화로운 이름을 영원히 찬송할지어다 온 땅에 그의 영광이 충만할지어다 아멘, 아멘 이새의 아들 다윗의 기도가 끝나니라 (시 72:18-20)	여호와를 영원히 찬송할지어다. 아멘, 아멘 (시 89:52)	여호와 이스라엘의 하나님을 영원부터 영원까지 찬양할지어다 '아멘' 할지어다. 할렐루야! (시 106:48)	호흡이 있는 자마다 여호와를 찬양할지어다 할렐루야! (시 150:6)

6) 시편은 전체적으로 서론과 본론과 결론으로 이루어져 있다. 시편 1-2편이 시편 전체의 서론을 이루고 있고, 또한 시편 1권의 서론이기도 하다. 복으로 시작해서 복으로 끝을 맺고 있다. 이렇게 시편의 서론은 '누가 진정한 행복한 자인가?', 혹은 '누가 진정 복 있는 왕인가?'라는 질문을 던지면서 시편을 시작하고 있다. 그리고 이러한 질문에 율법을 주야로 묵상하는 자가 바로 복된 왕이라는 것이다. 이러한 '율법'과 '왕'이라는 주제가 시편 전체에 걸쳐서 계속 반복되는

것이다. 그런데 이렇게 서론에는 표제어가 없다. 그리고 시편 146-150편이 시편 전체의 결론을 이루고 있다. 또한 시편 5권의 결론이기도 하다. 모두 '할렐루야'로 시작해서 '할렐루야'로 끝을 맺고 있다. 여호와 하나님을 찬양하라는 초청으로 끝을 맺고 있다. 율법을 주야로 묵상하는 왕이 복이 있다고 시작해서 여호와 하나님을 찬양하라는 말씀으로 끝을 맺고 있다. 즉 '인간-왕'에 초점을 맞춰서 시작했다가, '하나님-왕'으로 끝나는 것이다. 그런데 이렇게 결론에도 표제어가 없다. 그러면서 시편 중심에 본론을 이루고 있다(시편 3-145편). 이것을 도표로 나타내면 다음과 같다.

<table>
<tr><th colspan="3">제1권</th><th colspan="2">제2권</th><th colspan="2">제3권</th><th colspan="2">제4권</th><th colspan="3">제5권</th></tr>
<tr><td>서론</td><td colspan="9">본론</td><td colspan="2">결론</td></tr>
<tr><td>1-2</td><td colspan="2">3-41</td><td colspan="2">42-72</td><td colspan="2">73-89</td><td colspan="2">90-106</td><td>107-145</td><td colspan="2">146-150</td></tr>
<tr><td colspan="2"></td><td>송영</td><td></td><td>송영</td><td></td><td>송영</td><td></td><td>송영</td><td colspan="2"></td><td>송영</td></tr>
</table>

결론 기독교의 성경은 유대교의 '타나크'와 다르다. 기독교의 정경적 배열은 유대교에서처럼 권위나 종교적 중요성이 기준이 아니라, 과거-현재-미래의 방향성을 기준으로 되어 있다.

1) 율법서는 이스라엘 종교의 헌법과 같은 것으로 기초적 기능을 하고 있다. 역사서는 과거에 대한 기억과 신학적 해석을 담고 있다. 시가서는 이스라엘의 현재적 종교적 체험의 반응을 많이 담고 있다. 선지서는 단지 미래의 사건을 예고하는 것이 아니다. 그 전반적인 경향성에 있어서 오실 메시아에 대한 소망을 미래적으로 예시하고 있다. 그래서 구약성경은 기원과 과거 사건에서 현재의 경험으로, 미래에 대한 기대 순서로 이루어져 있다.

2) 시가서(5)를 중심으로 율법서와 역사서가 과거로 17권이고, 대선지서와 소선지서가 17권으로 이루어져 있다. 17+5+17으로 구성되어 있다. 과거-현재-미래로 이루어져 있다. 그러므로 기독교 구약성경의 전체 네 기둥들 가운데 중심적인 위치와 역할이 바로 시가서이다. 이것을 도표로 보면 다음과 같다.

율법서	창세기, 출애굽기, 레위기, 민수기, 신명기	과거, 사건, 하나님의 역사(일), 언약 백성, 서술
역사서	여호수아, 사사기, 룻기, 사무엘상하, 열왕기상하, 역대상하, 에스라, 느헤미야, 에스더	
시가서	욥기, 시편, 잠언, 전도서, 아가서	현재, 경험, 하나님의 길, 언약 행위, 시
선지서	이사야, 예레미야, 애가, 에스겔, 다니엘, 12소선지서	미래, 기대, 하나님의 의지(뜻), 언약의 설교, 예언

3) 율법서와 역사서는 이스라엘을 위한 '하나님의 구원의 행위'를, 선지서는 이스라엘을 위한 '하나님의 말씀을 예언'하고 있다. 하나님의 편에서 이스라엘에게로 향한 말씀을 전달하고 있다. 세상살이에 대한 하나님의 말씀이다. 바로 신앙의 행위인 믿음에 대해서 말씀하고 있다. 이에 반해 시가서(지혜서)는 '하나님의 행위와 말씀에 대한 이스라엘 백성들의 응답'을 말씀하고 있다. 인간 편에서 하나님께 대한 또한 하나님이 하신 일과 말씀에 대한 인간의 반응을 말씀하고 있다. 즉 하나님의 은혜에 대한 인간의 반응, 의무, 책임감으로 순종에 대해서 말씀하고 있다. 하나님의 가르침에 대한 일상생활의 반응이다.

4) 시가서 앞에 에스더서가 있다. 에스더는 포로 생활 중에 하나님께서 이스라엘 백성들을 보존하고 계신다는 은혜를 말씀하고 있다. 그것도 역전의 은혜이다. 그 다음에 시가서이다. 시가서는 하나님의 말씀, 하나님의 은혜에 대한 인간의 반응이다. 그렇다면 인간은 은혜 베푸시는 하나님 앞에서 어떻게 반응해야 하는가? 먼저 욥기를 통해 하나님께서 주인되심을 깨달아야 한다. 시편을 통해 주인되신 하나님을 찬양하고 영광 돌려야 한다. 잠언을 통해 하나님을 경외하는 것이 지혜의 근본임을 알아야 한다. 전도서를 통해 지혜가 있을 때 하나님 없는 인생의 허무함을 깨달아야 한다. 아가서를 통해 지혜가 있을 때 하나님의 사랑을 발견해야 한다. 그

래서 진정 복이 있는 지혜로운 자가 되어야 한다. 일상생활이 그러해야 한다. 이렇게 시가서를 총 정리하면 다음과 같다.

욥기	시편	잠언	전도서	아가서
족장 시대	다윗 시대	솔로몬 시대		
절대 주권	예배(찬양)	지혜	헛됨	사랑

전도서　헛됨
지혜는 삶의 헛됨을 극복할 수 있다.

잠 31:30 '고운 것도 거짓되고 아름다운 것도 헛되나 오직 여호와를 경외하는 여자는 칭찬을 받을 것이라'

아가서　결혼 안에서의 사랑
지혜는 경건한 결혼을 유지하게 한다.

잠 5:18 '네 샘으로 복되게 하라 네가 젊어서 취한 아내를 즐거워하라'

시편　예배
예배는 여호와를 경외하는 마음과 태도를 개발시킨다.

시 111:10 '여호와를 경외함이 곧 지혜의 근본이라 그 계명을 지키는 자는 다 좋은 지각이 있나니 여호와를 찬송함이 영원히 있으리로다'

잠언　지혜
여호와를 경외하는 것이 지혜의 근본이다.

욥 42:2 '주께서 무소 불능하시오며 무슨 경영이든지 못 이루실 것이 없는 줄 아오니'

욥기　절대 주권
하나님의 절대 주권을 깨달음으로 우리는 예배하게 된다.

땅의 모든 끝이여, 내게로 돌이켜 구원을 받으라.

나는 하나님이라 다른 이가 없느니라.

Turn to me and be saved, all you ends of the earth; for I am God, and there is no other.

이사야 45:22

09

구약성경의 선지서

09 | 구약성경의 선지서

성경의 이해 : 이사야 45:22, 다니엘 2:22, 호세아 10:12, 말라기 4:12

서론 유대인의 '타나크'(TaNaK)는 크게 세 부분으로 이루어져 있다. 토라(Torah) 즉 율법서, 느비임(Nebiim) 즉 예언서, 케투빔(Kethubim) 즉 성문서, 이렇게 삼중적으로 구분하고 있다. 이렇게 율법서를 가장 귀한 지성소로, 예언서를 성소로, 그리고 성문서를 성막 뜰로 분류하기도 한다. 하지만 기독교의 구약성경은 크게 네 기둥으로 이루어져 있다. 즉 율법서(5), 역사서(12), 시가서(5), 선지서(17)로 구성되어 있다. 이것은 신약성경 때문이다. 신약성경도 복음서, 역사서, 서신서, 계시록으로 구성되어 있기 때문이다.

1) 성경 전체의 첫 번째 그룹, 구약성경의 첫 번째 그룹이 율법서이다.

율법서는 모세를 중심으로 크게 두 부분으로 나눌 수 있다. 모세를 중심으로 모세 이전의 시대 즉 창세기와 모세 이후의 시대 출애굽기, 레위기, 민수기, 신명기로 나눌 수 있다.

2) 율법서에 이어 구약성경의 두 번째 그룹이 역사서이다.

역사서는 여호수아부터 시작하여 에스더까지 총 12권이다. 이스라엘의 역사를 왕국 중심으로 크게 세 부분으로 나눌 수 있다. 첫째, 왕국 이전 시대인 여호수아와 사사기와 룻기이다. 둘째, 왕국 시대인 사무엘상하, 열왕기상하, 역대상하이다. 셋째, 왕국 이후 시대인 에스라, 느헤미야, 에스더이다.

3) 역사서에 이어 구약성경의 세 번째 그룹이 시가서이다.

시가서는 욥, 시편, 잠언, 전도서, 아가서이며, 총 5권이다. 특별히 시가서는 17(율법서와 역사서) + 5(시가서)+17(대선지서와 소선지서)로 구약성경의 중심에 위치하고 있다. 시가서의 중심은 잠언이고, 아울러 시편의 중요성을 알아야 한다. 특별히 역사서의 마지막 에스더서를 통해 하나님의 보존의 은혜, 역전의 은혜를 말씀하고 있다. 이러한 하나님의 은혜 베푸심에 대해서 시가서는 인간의 반응을 말씀하고 있다.

4) 시가서에 이어 구약성경의 네 번째 그룹이 선지서이다. 예언서이다.

1. 선지서의 이해

1) 유대인의 '타나크'는 율법서와 예언서 그리고 성문서로 구성되어 있다. 삼중적 구분에서 예언서가 중심이다. 이러한 예언서는 다시 전기 예언서와 후기 예언서로 나눌 수 있다. 전기 예언서는 여호수아, 사사기, 사무엘서, 열왕기서이다. 소위 신명기 역사이다.
후기 예언서는 이사야서, 예레미야서, 에스겔서, 소예언서이다. 여기에 성문서의 다섯 두루마리의 예레미야 애가와 성문서의 역사서에 다니엘서(에스라-느헤미야, 역대기로 소위 역대기 역사서로 분류)로 분류되고 있다.

2) 기독교 즉 칠십인역 구약성경에서는 대선지서(예언서)와 소선지서(예언서)로 나눌 수 있다. 대선지서는 이사야, 예레미야, 예레미야 애가, 에스겔, 다니엘이다. 소선지서는 호세아부터 말라기이다. 총 17권이다.

3) 선지서는 유대 왕 여호람 시대인 B.C. 845년부터 제2성전 시대까지 약 400년간을 배경으로 하고 있다. 다시 말하면 솔로몬 왕이 죽고 난 이후 통일 왕국이 남북으로 분열한 시대에서부터 포로 후 귀환 시대까지를 말씀하고 있다.

4) 구약시대에 하나님이 세우신 선지자(先知者)는 단순히 미래를 말하는 예언자(豫言者-foreteller)라기보다는 하나님의 말씀을 맡아 당대 사람들에 전하는 예언자(預言者-forthteller)라

고 할 수 있다. 단순히 예언의 특성을 '앞날의 일을 미리 내다보는 통찰력'으로 생각해서는 안 된다. 예언은 하나님이 전파하라고 맡겨주신 말씀을 예언자가 대신 선포하는 행위이다. 예언자의 예언은 '내일 일을 미리 말하기'라기보다는 '앞장서서 말하기'이다. 예언자가 하나님의 말씀을 맡은 이상, 그는 백성 앞에 서서, 하나님이 전파하라고 맡겨주신 말씀을 선포할 수 밖에 없다. 예언자들의 관심사는 미래가 아니라, 그가 심혈을 기울여 탐구하던 시간은 바로 '오늘'이라는 현재이다. 예언자가 하나님의 말씀을 전하는 까닭은 오직 현재를 결정짓기 위함이다(겔 36:25-27).

5) 선지자는 크게 둘로 구분할 수 있다. 하나는 구전 선지자와 다른 하나는 문서 선지자로 구별할 수 있다.

- 먼저 구전 선지자는 문서 선지자 이전의 선지자를 가리키는 말씀이다. 사무엘(삼상 3:20) 나단(삼하 12장), 아히야(왕상 11:29), 미가야(왕상 22장), 엘리야(왕상 17-19장), 엘리사(왕하 2-8장) 등등이다.
- 다른 하나는 문서 선지자이다. 선지서는 전부 문서 선지자이다. 이사야부터 시작해서 말라기까지이다. 최초의 문서 선지자가 아모스이고, 마지막 문서 선지자가 말라기이다.

6) 문서 선지자들은 크게 네 구간에 걸쳐 출현하고 있다.

- 첫째, 북왕국 이스라엘의 멸망 전후(주전 721)이다. 호세

아, 아모스, 이사야, 미가가 이 시기에 속한다.

- 둘째, 북왕국 이스라엘의 멸망 후에서 남왕국 유다가 몰락하기까지(주전 587년)이다. 예레미야, 스바냐, 나훔, 하박국, 오바댜가 이 시기에 속한다. 이 둘을 하나로 합치면 바벨론 포로 이전 시대이다.
- 셋째, 바벨론 포로 시대(주전 587-538년)이다. 에스겔과 이사야 40-55장이 이 시기를 배경으로 한다. 에스겔과 다니엘서는 바벨론 포로 중이다.
- 넷째, 포로기 이후 제2성전기(주전 515년)를 전후한 시대이다. 학개, 스가랴, 말라기가 여기에 속한다. 이 둘을 하나로 합치면 바벨론 포로 이후 시대이다.
- 대체로 왕국 패망 이전의 배경에는 왕국의 패망과 백성들의 흩어짐(사로 잡혀감)을 경고하는 말씀을 하고 있다. 회개를 촉구하는 메시지가 예언의 큰 가닥을 이루고 있다.

  나라가 망하고, 성전이 무너지고, 백성들이 포로로 끌려가고 난 뒤부터는 예언의 핵심이 심판에서 회복으로 바뀌고 있다. 이러한 회복의 역사가 메시아를 통해서 이루어진다는 것이다.

7) 선지자들은 크게 두 종류가 있다. 하나는 거짓 선지자들이다. 다른 하나는 참된 선지자들이다. 참된 선지자는 네 가지 주요 주제들을 가지고 있다.

- 첫째, 선지자들은 백성들의 사악한 행위들을 드러냈다.
- 둘째, 선지자들은 백성들이 하나님께로 돌아올 것을 촉구했다.
- 셋째, 선지자들은 백성들에게 임박한 심판을 경고했다.
- 넷째, 선지자들은 장차 올 메시아를 고대했다.
- 따라서 선지자들의 메시지는 두 가지로 요약된다. 바로 인간의 죄로 인한 심판과 하나님의 은총으로 인한 위로이다.

2. 선지서의 구분

1) 선지서는 대선지서(5권)와 소선지서(12권)로 구분된다. 이사야서에서 다니엘서까지 대선지서는 메시아의 처녀 탄생에서부터 하나님의 보좌 우편에 앉으심까지를 말씀하고, 소선지서는 이러한 대선지서들의 계시를 보충하면서 지원하는 양식을 가지면서 아주 절묘하게 조화를 이루고 있다.

2) 선지서는 '그 날' 즉 '여호와의 날'에 대한 깊은 관심을 가진다. '그 날'은 이중적 의미를 가지고 있다.

   - 하나는 심판의 날이다. 과거에 출애굽 때에는 이스라엘 백성들을 억압하던 애굽을 심판했다. 하지만 이제는 거꾸로 이스라엘과 유다 백성들을 심판하시는 것이다.

- 또 다른 하나는 회복의 날이다. 선지자들의 궁극적 관심은 이스라엘과 유다의 심판이 아니라, 이스라엘의 회복이다. 이스라엘의 심판에 대한 메시지에만 그치지 않고, 처방을 내리고 있다. 이스라엘의 살 길을 제시하고 있다.

3) 선지자들이 말씀한 대로 하기만 하면 이스라엘 백성들은 다시 살게 된다는 것이다(호 6:1-3, 암 5:4-15). 살려면 여호와 하나님을 알아야 한다는 것이다(호 6:30), 찾아야 한다는 것이다(암 5:4, 6), 여호와 하나님께로 돌아가야 한다는 것이다(욜 2:13). 선을 사랑하여 성문에서 공의를 세워야 한다는 것이다(미 6:8). 그러면 살 수 있다는 것이다. '변화된 이스라엘', '회개하는 이스라엘'이 되어야 회복될 수 있다는 것이다.

4) 이것을 이사야 식으로 말씀한다면 이스라엘은 선민에서 종으로 변화되어야 한다는 것이다. 예레미야 식으로 말씀한다면 그 마음에 하나님의 언약을 새기고 실천하는 사람으로 변화되어야 한다는 것이다. 에스겔 식으로 말한다면 그 정신에 하나님의 영이 들어가 새로운 인생으로 변화되어야 한다는 것이다. 변화된 이스라엘, 그것만이 이스라엘이 살 길이라는 것이다. 옛 사람이 죽고, 새 사람으로 부활하듯이 부활해야 한다는 것이다.

5) 대선지서가 이사야에서 시작하여 다니엘서로 끝을 맺고, 소선지서가 호세아로 시작하여 말라기로 끝을 맺고 있다. 대선지서와 소선지자를 연결하는 중간의 다리 역할이 다니엘

서이다. 다니엘서를 전체적으로 보면 다음과 같다.

	다니엘의 개인적 내력 (1:1-1:21)	**이방인들을 향한 예언적 계획 (2:1-7:28)**				**이스라엘을 향한 예언적 계획 (8:1-12:13)**		
구성	다니엘의 개인적 생애 (1:1-1:21)	느부갓네살이 본 환상 (2:1-4:27)	벨사살이 본 환상 (5:1-5:31)	다리오의 칙령 (6:1-6:28)	네 짐승 (7:1-7:28)	숫양과 숫염소의 환상 (8:1-8:27)	70이레의 환상 (9:1-9:27)	이스라엘의 미래에 대한 환상 (10:1-12:13)
주제	다니엘의 개인적 경험	타인들의 꿈을 다니엘이 해석함				다니엘의 꿈을 천사가 해석함		
	히브리어	아람어				히브리어		
장소	바벨론 / 페르시아							
연대	주전 약 605-536년							

*** 다니엘서에 나타난 메시야 왕국에 대한 예언**

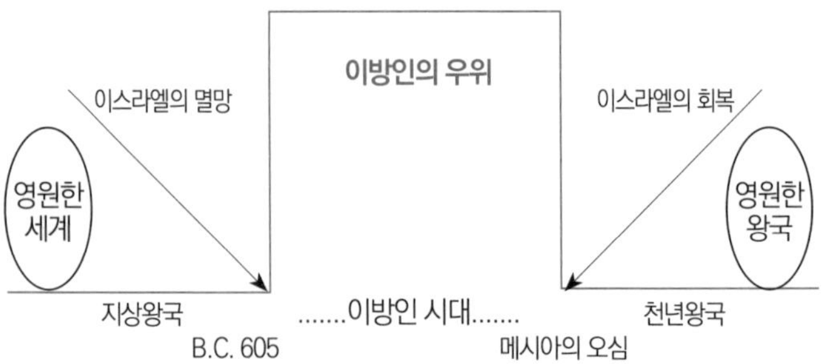

*** 신상과 네 짐승의 꿈(다니엘 2장과 7장)**

신상에 대한 느부갓네살의 꿈		예언의 성취	네 짐승에 대한 다니엘의 꿈	
예언		세계 열강	예언	
꿈 2:31-35	해석 2:36-45		해석 7:15-28	꿈 7:1-14
머리		신바벨론 B.C. 612-539	예언적 이야기	사자
가슴과 팔		메대-바사 B.C. 539-331		곰
배와 허벅지		헬라 B.C. 331-63		표범
다리와 발		로마 세 시대 : 고대 로마의 우세(B.C. 63-A.D.76)		다른 짐승
		나눠진 정부들		10뿔들
		적 그리스도		작은 뿔
		완성		
	무너지지 않는 하나님의 왕국 (2:44)	메시아 완성		보좌 위에 계신 하나님
		그리스도		인자(그리스도) 주어진 통치

결론 성경은 통일성과 다양성을 가지고 있다. 또한 성경은 역사적 점진적 계시로 이루어져 있다. 그리고 성경은 서로 연속성과 불연속성을 함께 가지고 있다. 따라서 구약성경과 신약성경이 4+4 구조를 이루고 있다.

1) 구약성경은 기원과 과거 사건에서 현재의 경험으로, 미래에 대한 기대 순서로 이루어져 있다. 이것을 도표로 보면 다음과 같다.

율법서	창세기, 출애굽기, 레위기, 민수기, 신명기	과거, 사건, 하나님의 역사(일), 언약 백성, 서술
역사서	여호수아, 사사기, 룻기, 사무엘상하, 열왕기상하, 역대상하, 에스라, 느헤미야, 에스더	
시가서	욥기, 시편, 잠언, 전도서, 아가서	현재, 경험, 하나님의 길, 언약 행위, 시
선지서	이사야, 예레미야, 애가, 에스겔, 다니엘, 12소선지서	미래, 기대, 하나님의 의지(뜻), 언약의 설교, 예언

2) 구약성경의 마지막 네 번째 그룹은 선지서이다. 선지서는 대선지서와 소선지서로 구분된다. 선지자의 중요성이나 혹은 그 능력에 의해서 나누어진 것이 아니라, 그 분량에 따라 나누어진 것이다. 유대 왕 여호람 시대인 B.C. 845년부터 제2성전 시대까지 약 400년간을 배경으로 하고 있다. 과거 율법서에는 하나님의 말씀을 모세를 통해서 말씀하셨다면, 역사서에는 하나님의 행하심 즉 하나님의 행적을 통해서 말씀을 하셨다고 할 수 있다.

이제 선지서에는 하나님께서 선지자들을 통해서 말씀하셨다.

3) 선지서는 대부분 죄를 심판하고 경고하는 것으로 시작하기 때문에 분위기가 엄중하다. 하지만 선지서는 그것으로 끝나지 않고 하나님 나라를 이루어 가시려는 하나님의 열정을 담고 있다. 다시금 하나님의 주권을 인정하고 목자이신 주님을 따르게 될 하나님의 백성인 새 이스라엘에 대한 소망

을 전하고, 동시에 하나님 나라를 대적하는 악한 자들에 대한 멸망을 약속하고 있다. 따라서 선지서는 범죄한 선민 이스라엘의 고난 그리고 남은 자의 회복, 이방의 종국적 멸망, 하나님의 정의로운 최후 심판을 기록하고 있다. 선지서는 하나님 나라 백성의 실패를 지적하고 심판을 경고하는 부분과 메시아를 통해 새 언약의 소망을 제시하는 내용을 담고 있다고 정리할 수 있다. 이러한 선지서를 도표로 나타내면 다음과 같다.

죄에 대한 심판과 경고	유다와 이스라엘의 죄악 심판 경고
	열방의 죄악 심판 경고
회복의 소망과 새 언약의 약속	유다와 이스라엘의 회복
	열방의 구원

4) 선지서는 크게 두 가지 중요한 신학적 사상이 있다. 하나는 '여호와의 날'이다. 또 다른 하나는 '남은 자'이다. 그리고 선지서의 교훈을 한마디로 요약하기는 쉽지 않다. 그러나 선지서 전체에는 두 가지 신학적 주제에 국한되어 있음을 알 수 있다. 첫째, 이스라엘이 준수해야 했던 언약이다. 둘째, 하나님의 절대적 주권이다.

5) 선지서들은 전반부에서 하나님의 주권이 인정되지 않고 있는 이스라엘과 열방의 죄악들을 심판하는 내용을 기록하고 있으며, 후반부에는 메시아를 통해 성취될 하나님 나라의 소

망을 기록하고 있다. 이런 이유에서 구약의 선지자가 예수 그리스도와 그가 전한 하나님 나라를 소개하는 복음서 바로 앞에 있다는 것은 매우 의미심장하다. 구약의 선지서들을 통해 하나님 나라에 필요한 하나님의 주권을 분명히 인식하며, 새롭게 하나님 나라를 성취하러 오실 예수 그리스도의 복음을 고대하게 된다(사 40:3, 42:1, 53:4-6, 렘 31:31-34, 겔 34:23-24, 단 7:13-14, 호 10:12, 미 5:2, 말 3:1, 4:5-6).

선지자 일람표는 다음과 같다.

구분	선지자	연대	통치자들	선포 대상	선포 내용
포로 전 선지자	오바댜	B.C.840년경	여호람	에돔	여호와의 날
	요엘	B.C.830년경	요아스	유다	주의 날
	요나	B.C.780-750	여로보암 2세	니느웨	이방의 선교
	아모스	B.C.760년경	여로보암 2세	이스라엘	하나님의 의
	호세아	B.C.755-715	여로보암 2세-호세아	이스라엘	하나님의 사랑
	이사야	B.C.740-680	웃시야-히스기야	유다	하나님의 언약
	미가	B.C.735-700	요담-히스기야	유다	이스라엘의 통치자
	나훔	B.C.650-620	므낫세	니느웨	여호와의 날
	스바냐	B.C.630-625	요시야	유다	여호와의 날
	예레미야	B.C.627-600	요시야-시드기야	유다	여호와의 말씀
	하박국	B.C.627-600	여호야김	유다	의인은 믿음으로 말미암아 살리라

구분	선지자	연대	통치자들	선포 대상	선포 내용
포로기 선지자	**다니엘**	B.C.605-536	느부갓네살, 고레스2세	바벨론에 있는 이스라엘 포로들과 이방인들	언약된 나라의 승리
	에스겔	B.C.592-570	느부갓네살	유다와 바벨론에 남은 자	선한 목자의 통치
귀환 후 선지자	**학개**	B.C.520년경	총독 스룹바벨	1차 귀환한 유대인들	성전 재건 독촉
	스가랴	B.C.520-515	총독 스룹바벨	1차 귀환한 유대인들	하나님의 승리
	말라기	B.C. 433년경	총독 느헤미야	이스라엘 땅의 유대인들	언약에 대한 하나님의 사자

또한 선지서를 전체적으로 정리하면 다음과 같다.

대선지서	이사야	고난, 회복	유다의 고난과 유다의 회복
	예레미야	3차 포로	바벨론의 침략과 포로 70년
	예레미야 애가	눈물	멸망한 유다에 대한 슬픔의 노래
	에스겔	2차 포로	유다의 범죄와 심판 그리고 회복
	다니엘	1차 포로	열국을 다스리시는 크신 하나님

소선지서	호세아	영적 음행	북이스라엘의 범죄와 하나님의 심판
	요엘	메뚜기 재앙	메뚜기 재앙을 통한 회개 촉구
	아모스	여름 과일	북이스라엘의 임박한 멸망 경고
	오바댜	에돔	에돔의 범죄와 하나님의 심판
	요나	앗수르1	앗수르에 대한 경고와 회개
	미가	사회 정의	지도층의 부정과 부패를 책망
	나훔	앗수르2	앗수르에 대한 경고와 멸망
	하박국	질문, 대답	선지자의 질문과 하나님의 대답
	스바냐	여호와의 날	유다에 임할 하나님의 심판
	학개	성전 재건	성전 건축의 당위성 역설
	스가랴	성전 재건	성전 건축을 통한 영광된 미래 제시
	말라기	눈먼 희생	잘못된 신앙에 대한 하나님의 책망

이르시되 때가 찼고 하나님의 나라가 가까이 왔으니
회개하고 복음을 믿으라 하시더라

"The time has come," he said.
"The kingdom of God is near. Repent and believe the good news!"
마가복음 1:15

10 구약과 신약의 중간기

10 | 구약과 신약의 중간기

성경의 이해 : 마가복음 1:15, 갈라디아서 4:4

서론 기독교에서 성경은 크게 두 부분으로 나눈다. 하나는 구약성경이고, 다른 하나는 신약성경이다. 그러나 유대교는 '타나크'(TaNaK) 혹은 히브리어 성경(마소라 본문) 1권만 존재한다. 바로 기독교의 구약성경이다. 또한 천주교와 정교회와도 다르다.

1) 천주교와 정교회는 기독교의 구약성경과 신약성경 중간에 외경 혹은 가경이 있다.

천주교는 기독교의 구약성경 39권에다 토비트, 유딧, 마카비상, 마카비하, 지혜서, 집회서, 바룩서 7권이 더 추가되고 있다. 그래서 46권이 되고, 여기에 신약성경 27권을 합하여 73권이 된다. 그리고 정교회는 천주교의 49권에다 마카비 3서, 마카비 4서, 송시, 솔로몬의 시편, 예레미야의 편지, 수산나, 벨과 용 이렇게 7권이 더 추가되고 53권이 되고 있다. 그래서 신약성경 27권을 합하여 80권이 된다.

2) 유대교는 성경을 '타나크' 단 1권으로 구분한다.

또한 천주교와 정교회는 성경을 구약성경, 외경(가경), 신약성경으로 삼중적 구분한다. 그런데 기독교는 성경을 구약성경과 신약성경으로 이중적으로 구분을 하고 있다.

3) 성경을 아무리 찾아봐도 성경 자체의 내증을 통해서 외경(가경)을 인정하고 있는 부분을 찾을 수 없다.

오히려 구약은 신약을 인정하고, 신약은 구약을 인정하고 있다. 다시 말해 구약은 신약을 전제하고, 신약은 구약을 전제하고 있다. 그런데 놀라운 것은 구약에 구약이라는 말씀이 없다. 구약이라는 말씀이 신약에 있다(고후 3:14). 또한 구약에 신약 즉 새언약이라는 말씀이 있다(렘 31:31-32). 그리고 신약에 새 언약에 대한 말씀이 있다(히 8:7, 13, 9:1, 15, 18 등). 그래서 성경에는 서로 짝이 있다(사 34:16).

4) 그렇다면 구약과 신약의 중간기를 어떻게 생각해야 하는가?

먼저 구약의 마지막 말라기와 신약의 처음 마태복음 사이의 중간기는 역사적으로 없다는 말이 아니다. 역사적으로 분명히 존재했고, 실제로 있었다. 그렇다면 천주교와 정교회처럼 중간기를 인정하고, 외경(가경)을 인정해야 하지 않는가? 그런데 왜 기독교는 구약과 신약의 중간기를 인정하지 않는 것일까? 그것은 잘못이 아닌가?

5) 그러나 가장 중요한 것은 구약의 마지막 말라기와 신약의 처음 마태복음 사이의 400년의 시간이 있었다.

이러한 중간기는 하나님의 계시의 침묵 시간이다. 어두운 영적 암흑기였다. 다시 말해 하나님의 계시가 중단된 시기이다. 그래서 이 기간에 기록된 외경과 가경을 기독교에서 정경으로 인정하지 않는다. 하지만 여전히 신약성경을 이해하는 아주 중요한 참고 자료로 사용하고 있다.

1. 중간기의 이해

1) 중간기는 구약성경과 신약성경을 연결해주는 교량 역할을 하고 있다. 또한 신약성경의 배경을 이루는 기간이다. 그러므로 신약성경을 더 잘 이해하기 위해서는 중간기에 대한 올바른 이해가 있어야 한다.

2) 신약성경을 펼치면 사두개인, 바리새인이라는 사람들이 나타나고 있다. 늘 예수님에게 야단을 맞는 나쁜 사람들이다. 그런데 아무리 구약성경을 뒤져도 이 사람들이 어떤 사람인지 나오지 않는다. 아무런 설명이 없다. 왜냐하면 이들은 구약과 신약의 중간기에 생겨난 사람들이기 때문이다.

3) 그렇다면 구약과 신약의 중간기 약 400년이라는 기간이 왜 필요했는가? 구약의 마지막 선지자 말라기 이후에 곧장 예

수님이 이 세상에 오셨으면 더 좋지 않을까? 아니다. 이 기간은 꼭 필요했다. 하나님이 계획해 놓으신 때가 꽉 찼기 때문에 예수님을 세상에 보내셨다(막 1:15, 갈 4:4). 하나님의 때가 찼을 때, 하나님이 일으킨 가장 위대한 사건이 바로 예수님을 세상을 보내신 것이다. 하나님의 나라가 임한 사건이다. 이렇게 '때가 차매' 구약과 신약의 중간기를 끝 맺고 예수 그리스도를 통해서 새로운 세상을 시작하였다.

4) 그러므로 구약과 신약의 중간기는 기독교라는 세계 종교를 탄생시키기 위해서이다. 지금까지 구약의 유대교는 주로 유대인을 위한 종교였다. 물론 이방인들도 성경에 등장하지만, 주로 유대인들 중심이다. 하지만 기독교는 세계적 종교이다. 우주적이고, 보편적이다. 그것은 유대인과 이방인 사이의 막힌 담이 완전히 무너져 버린 것이다. 바로 예수 그리스도로 인해 무너졌다(엡 2:13-16). 이렇게 유대인들 위주의 종교가 이제 모든 이들을 위한 종교가 되기 위해서 준비 작업이 필요했다. 이러한 준비 작업을 위한 기간이 바로 구약과 신약의 중간기이다. 따라서 중간기는 하나님의 침묵기, 암흑기였지만, 또한 하나님의 준비기, 태동기였다.

5) 그럼 예수 그리스도가 이 세상에 오시기 전까지 하나님이 준비하시고, 예비하신 가장 중요한 것이 무엇인가? 크게 세 가지로 정리할 수 있다.

- 첫째, 회당이다. 이방인의 땅에 세워졌던 유대인들의 회당이다. 그 동안 성전이 중심이었지만, 이제 회당은 흩어진 유대인들의 종교생활의 중심이 되었다. 회당은 그곳에 모인 자들에게 복음을 전하는 황금어장이었다.
- 둘째, 헬라어이다. 알렉산더 대왕을 통한 언어의 통일이다. 이때 히브리어 성경이 헬라어로 번역되었다. 이렇게 헬라어 성경을 칠십인역이라고 한다. 칠십인역은 신약시대에 대단히 중요한 영향력을 끼쳤다.
- 셋째, 로마제국이다. 흔히 주후 1-2세기를 '로마의 평화'(Pax Romana) 시대라고 부른다. 복음이 신속하게 전파할 수 있도록 로마 제국을 통한 정치적 안정이 중요한 역할을 했다.

2. 중간기의 구분

1) 중간기 시대는 크게 세 부분으로 구분할 수 있다. 마카비 시대가 중심이 된다. 마카비 시대를 중심으로 첫째, 마카비 이전 시대이다. 바사 제국, 알렉산더 대왕의 통치, 톨레미, 셀루키스 왕조 시대이다. 둘째, 마카비 시대이다(주전 167-63). 하스모니안 왕조 시대이다. 셋째, 마카비 이후 시대이다(주전 63년 이후부터). 로마의 통치 시대이다.

2) 이것을 좀 더 구체적으로 알기 위해서 첫째로 마카비 이전 시대이다. 이것을 알기 위해서 구약시대부터 간략하게 생각해야 한다. 이스라엘은 사울-다윗-솔로몬 왕까지 하나의 왕국으로 존재했다. 하지만 솔로몬의 아들 르호보암 시대에 나라가 둘로 나누어졌다. 하나는 여로보암을 중심으로 한 북쪽 이스라엘이고, 북쪽 이스라엘은 주전 722년에 앗수르에 멸망했다, 다른 하나는 르호보암을 중심으로 한 남쪽 유다이고, 남쪽 유다는 주전 586년에 바벨론(신바벨론)에 의해서 멸망했다. 유다를 멸망시킨 바벨론은 메대와 바사의 연합군에 멸망하고, 바사는 헬라의 알렉산더에게 멸망한다. 알렉산더는 아들이 없어서 방대한 영토를 결국 네 개로 나눈다. 그러다가 나중에는 안티고노스 왕조, 셀류기드(혹은 셀류커스) 왕조, 그리고 톨레미 왕조로 나누어졌다. 그 중에 팔레스타인 지역은 주전 323년부터 주전 198년까지 톨레미 왕조의 지배를 받았다.

3) 둘째로 마카비 시대이다(주전 167-63). 마카비 전쟁은 주전 167년, 예루살렘 북서부에 위치한 '모데인'이라는 한 작은 산촌에서 시작되었다. 셀류키드 왕조의 사람들은 돼지고기를 가지고 각 마을을 돌면서 사람들에게 강제로 먹이는 일을 했다. 그들이 어느 날 '모데인'에 도착했다. '모데인'에는 경건하고 연로한 제사장인 '맛다디아'라는 사람이 있었다. '맛다디아'는 강제로 돼지고기를 먹이려고 했던 광경을 보

고, 분노하여 셀류키드의 앞잡이들을 모두 죽여 버렸다. 이로 인해 유대인들에게 '누구든지 하나님과 율법에 대해 열심히 있는 자들은 나를 따르라'고 하면서 많은 유대인들이 맛다디아로 몰려왔다. 헬라 정규군과 싸워 성공적인 전투를 벌렸다. 이런 맛다디아의 아들 중에 가장 유명한 사람이 '유다 마카비'였다. 이것이 추후에 마카비 전쟁이라고 불리게 되었다. 마카비 전쟁의 성공으로 맛다디아의 자손들로 이루어진 왕조가 유대인들의 마지막 독립 왕조인 하스모니안 왕조이다. 유대인들은 주전 164년에 성전을 탈환했으며, 이때 수전절을 지켰다. 하스모니안 왕조는 유대인들의 전폭적인 지지를 받으며 통치했다. 하지만 하스모니안 왕조는 두 가지 커다란 범죄를 저지른다. 하나는 이두메 지역에 대한 불법적인 침공이다. 다른 하나는 정통성이 없는 자가 대제사장에 오른 일이다. 이로 인하여 유대인들 사이에 각 분파들이 생겨나게 되었다. 엣센파, 사두개파, 바리새파, 열심당 즉 셀롯인이다. 이러한 하스모니안 왕조는 주전 63년에 로마에 의해서 멸망을 당한다.

4) 셋째로 마카비 이후 시대이다(주전 63년 이후). 로마의 통치 시대이다. 로마가 예루살렘을 정복한 때로부터 주후 1세기 말 즉 신약성경이 완성될 때까지의 역사는 엄밀히 말해서 구약과 신약 중간기의 역사가 아니다. 구약과 신약 중간기는 세례 요한의 출현으로 끝나기 때문이다. 그래서 이 기간

은 신약시대의 배경이 되고 있다. 사실 정확히 말해서 구약과 신약의 중간기란 존재하지 않는다. 왜냐하면 세례 요한이 구약의 마지막 선지자이기 때문이다(마 11:12). 그러므로 정확히 말하자만 구약시대의 마지막 선지자인 세례 요한과 그 직전 선지자인 말라기 사이의 간격이 좀 길 뿐이다. 하지만 모든 사람들이 그 중간 시대를 구약과 신약의 중간기라고 부르고 있기 때문에 그렇게 부르는 것이다. 신약성경을 펼치면 유대 즉 이스라엘은 로마의 지배를 받는다. 그래서 우리는 오래전부터 이스라엘이 로마의 속국이었던 것으로 생각하는데, 사실은 그렇지 않다. 주전 63년에 로마의 폼페이(Pompey) 장군에 의해서 예루살렘이 함락되었다. 그 때부터 로마가 이스라엘을 지배하게 되었다.

결론 기독교의 성경에는 구약성경과 신약성경만 있다. 중간에 구약과 신약의 중간기는 없다. 그렇다고 역사상 없었다는 것이 아니다. 역사상 분명히 구약과 신약의 중간기가 약 400년이 있었다. 그러나 그것이 성경에 없는 이유는 구약과 신약의 중간기는 영적 암흑기였기 때문이다. 그리고 하나님의 계시가 중단된 시대이기 때문이다.

1) 구약의 마지막 선지자 말라기와 신약의 마지막 구약적 선지자 세례 요한 사이에는 하나님의 계시가 없었다. 어둠의 시대이며, 계시의 침묵 시간이었다.

2) 그러면 구약과 신약의 중간 시기가 성경에 없기 때문에 아예 무시해야 하는가? 그것 역시 아니다. 구약과 신약의 중간기도 대단히 중요하다. 하지만 정경으로 인정받기에 충분하지 않다. 외경과 가경이 정경으로 인정받지 못하는 이유는 이 시기에 하나님의 계시가 중단된 상태였기 때문이다.

3) 그러나 우리는 구약과 신약의 중간기를 알아야 한다. 배워야 한다. 이해해야 한다. 왜냐하면 구약과 신약의 중간기는 신약성경을 이해하는 배경적 역할을 하기 때문이다. 중간기는 구약의 마지막 말라기와 신약의 처음 마태복음을 연결해 주는 역할을 하는 것이다. 따라서 중간기는 신약성경을 올바르게 이해하기 위해서 대단히 중요하다. 구약의 마지막 끝의 말라기에서 신약의 처음인 마태복음 사이에 아무것도 없어도, 역사적으로 말라기와 마태복음 사이에 중간기가 있다는 사실을 인식해야 한다.

4) 그렇다면 왜 하나님께서 암흑기인 중간기의 약 400년의 시간이 필요했는가? '때가 차매' 하나님의 계시의 성취가 이루어지도록 준비하고 예비하셨다. 복음이 올바르게 성취되고 확장되도록 하였다. 그럼 하나님은 무엇을 준비하셨는가? 첫째, 회당이다. 둘째, 언어이다. 셋째, 로마이다. 이러한 준비가 끝났을 때, '때가 차매' 메시아 되신 예수 그리스도께서 이 세상에 오신 것이다.

5) 그럼 이러한 중간기는 어떻게 구분할 수 있는가? 마카비 시대를 중심으로 크게 세 가지로 구분할 수 있다. 첫째, 마카비 이전 시대이다. 주로 앗수르, 바벨론, 바사 즉 페르시아 시대, 그리고 알렉산더 대왕의 헬라 시대이다. 둘째, 마카비 시대이다. 마카비의 혁명과 하스모니안 왕조 시대이다. 유대교의 네 분파이다. 셋째, 마카비 이후 시대이다. 로마의 통치 시대이다. 이러한 시대에 하나님이 복음을 전파하시는 모든 여건과 환경이 주어진 이후에 '때가 차매' 예수 그리스도께서 이 세상에 오셔서 신약성경의 시대를 열어가신 것이다. 이 세상에는 절대로 우연이란 없다. 모든 것이 하나님의 절대적 주권과 섭리 속에서 이루어진 것이다. 끝으로 헤롯의 족보를 참고로 소개하면 다음과 같다.

헤롯의 족보

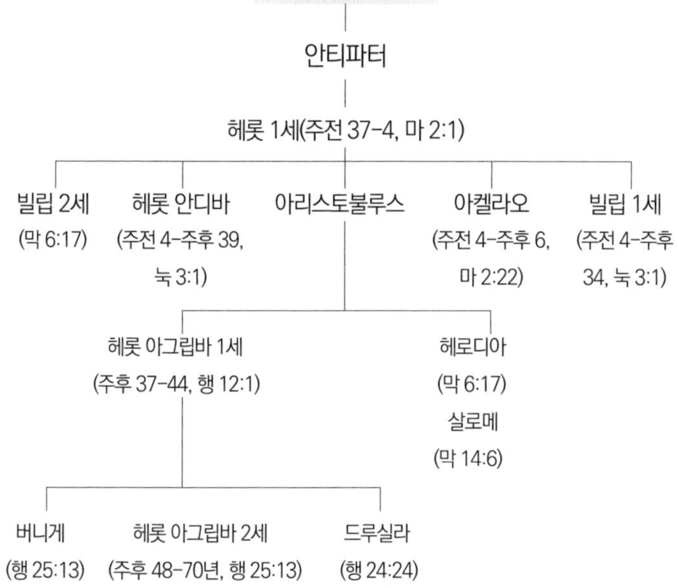

안티파터
헤롯 1세(주전 37-4, 마 2:1)
빌립 2세 (막 6:17)
헤롯 안디바 (주전 4-주후 39, 눅 3:1)
아리스토불루스
아켈라오 (주전 4-주후 6, 마 2:22)
빌립 1세 (주전 4-주후 34, 눅 3:1)
헤롯 아그립바 1세 (주후 37-44, 행 12:1)
헤로디아 (막 6:17)
살로메 (막 14:6)
버니게 (행 25:13)
헤롯 아그립바 2세 (주후 48-70년, 행 25:13)
드루실라 (행 24:24)

저 첫 언약이 무흠하였더라면 둘째 것을 요구할 일이 없었으려니와

For if there had been nothing wrong with that first covenant, no place would have been sought for another.

히브리서 8:7

11

신약성경의 네 기둥들

11 | 신약성경의 네 기둥들

성경의 이해 : 예레미야 31:31-34, 히브리서 8:7, 13

서론 성경의 처음과 끝이 같은 수미상관(inclusio)을 이루고 있다. 성경의 가장 처음에 구약의 창세기가 기록되어 있다면, 성경의 가장 마지막에 신약의 요한계시록이 기록되어 있다. 창세기를 통해 하나님 나라의 시작을 말씀하고 있다면, 요한계시록을 통해서 하나님 나라의 완성을 말씀하고 있다. 에덴의 시작과 타락에서 에덴의 회복과 완성을 말씀하고 있다. 그래서 성경에는 '다 이루었다'는 말씀이 세 번 기록되어 있다(창 2:1, 요 19:30, 계 21:6). 이것을 도표로 보면 다음과 같다.

창세기와 요한계시록(처음과 끝)의 수미상관, 대칭적 구조				
창세기 1-2장	창조	⇔	새 창조	계시록 21-22장
창세기 3장	죄의 시작	⇔	죄의 종결	계시록 20장
창세기 4장	창세기 4장-요한계시록 19장 예수님의 십자가 대속으로 인한 죄의 구원 과정			계시록 19장

1) 성경은 수미상관을 이루고 있을 뿐만 아니라, 병행적 구조, 순차적 구조, V 구조로 서로 대칭을 이루고 있다. 성경은 크게 두 부분으로 구약성경과 신약성경으로 나눈다.

2) 구약성경의 처음은 창세기 1:1의 "태초에 하나님이 천지를 창조하시니라"로 선포하면서 시작하여, 말라기 4:6에서 "내가 와서 저주로 그 땅을 칠까 하노라"라는 말씀으로 끝을 맺고 있다.

구약성경은 창세기 1:1의 창조로 시작하며, 말라기 4:6의 저주로 끝을 맺고 있다. 그렇다면 무엇 때문에 창조의 시작이 죽음의 저주로 되었는가? 그 이유는 한마디로 죄이다. 인간의 타락이다. 하나님의 형상으로 지음 받은 아담과 하와의 범죄 때문이다. 그래서 저주를 받게 되었다. 그러나 단순히 죄 때문이 아니라, 더 심각한 것은 죄를 지어 놓고 회개하지 않기 때문이다. '돌이키지 않기' 때문이다. 그래서 구약성경 마지막 끝에 말라기 선지자는 '...돌이키지 아니하면 내가 와서 저주로 그 땅을 칠까 하노라'고 말씀하고 있다.

3) 신약성경은 구약성경과 달리 신약성경의 처음은 마태복음 1:1의 "아브라함과 다윗의 자손 예수 그리스도의 계보라"는 선포로 시작하여, 요한계시록 22:21에서 "주 예수의 은혜가 모든 자에게 있을지어다 아멘"으로 끝을 맺고 있다.

마태복음 1:1의 예수 그리스도의 계보로 시작하여, 요한계시록 22:21에서 은혜로 끝을 맺고 있다. 말라기 4:6에서 '내가 와서'라고 하는데, 마태복음 1:1에서 예수 그리스도가 이 세상에 오셨다는 것이다. 새로운 창조를 시작하였다는 것이다. 창세기 1:1을 통해 하나님이 천지 즉 우주만물을 창조하심으로 시작하셨다는 것을 말씀하셨는데, 이제 마태복음 1:1에서 예수 그리스도를 통해 새로운 창조를 시작하셨다는 것을 말씀하고 있다. 새로운 창조 역시 주 예수의 은혜로 이루어지는 역사임을 말씀하고 있다. 주 예수의 은혜가 하나님의 백성들에게 있어야 함을 말씀하고 있다. 주 예수의 은혜로 모든 것이 완성되어지는 것을 말씀하고 있다.

그러므로 구약성경이 바로 아담의 범죄로 말미암아 저주의 역사라고 한다면, 신약성경은 바로 예수 그리스도를 통한 은혜의 역사라고 할 수 있다(참고 창 5장과 마 1장의 비교, 롬 5:14-15, 17, 21, 고전 15:22, 45).

4) 구약성경 39권은 크게 네 기둥들로 되어 있다. 네 장르로 되어 있다.

첫째, 율법서이다.

둘째, 역사서이다.

셋째, 시가서이다.

넷째, 선지서이다.

이와 같이 신약성경 27권도 크게 네 기둥들로 되어 있다.

첫째, 복음서이다.

둘째, 역사서이다.

셋째, 서신서이다.

넷째, 계시록이다. 서로 다른 권수임에도 불구하고 같은 4+4로 서로 대칭 구조를 이루고 있다.

5) 구약성경의 첫 번째 부분 율법서 5권과 신약성경의 첫 번째 부분 복음서 4권은 서로 연결되어 있다.

율법의 시작과 복음의 시작으로 서로 대칭을 이루고 있다. 복음은 율법의 완성이다. 율법 속에 계시된 그리스도와 복음에 계시된 그리스도를 말씀하고 있다. 이어서 구약성경의 두 번째 부분인 역사서(12권)과 신약성경의 두 번째 부분인 역사서(1권)이 서로 연결되어 있다. 이스라엘의 역사와 새 이스라엘 즉 교회의 역사로 서로 대칭을 이루고 있다. 이스라엘의 역사와 초대교회의 역사를 말씀하고 있다. 역사 속에 계시된 그리스도와 교회 속에 계신 그리스도를 말씀하고 있다. 그리고 구약성경의 세 번째 부분인 시가서(5권)와 신약성경의 세 번째 부분인 서신서(21권)가 서로 연결되어 있다. 하나님의 백성들의 삶의 중요한 원리와 교회 신앙의 삶의 중요한 원리로 서로 대칭을 이루고 있다. 시가서 속에 계신 그리스도와 교회 생활 속에 계신 그리스도를 말씀하고 있다. 마지막으로 구약성경의 네 번째 부분인 선지서(17권)

와 신약성경의 네 번째 부분인 계시록 혹은 묵시록(1권)이 서로 연결되어 있다. 하나님의 백성들이 가져야 할 비전과 교회가 가져야 할 비전에 대해서 말씀하고 있다. 예언 속에 계신 그리스도와 묵시 속에 계신 그리스도를 말씀하고 있다. 이렇게 성경은 예수 그리스도를 중심으로 구약성경은 오실 그리스도를 말씀하고, 신약성경은 오신 그리스도와 다시 오실 그리스도를 말씀하고 있다. 성경의 핵심은 예수 그리스도이시다(요 5:39, 46, 눅 24:44). 이것을 도표로 그리면 다음과 같다.

옛 언약과 새 언약	구약	신약
율법과 복음(복음은 율법의 완성)	율법서(5)	복음서(4)
이스라엘의 역사와 초대교회의 역사	역사서(12)	역사서(1)
그리스도인의 생활을 위한 중요 원리	시가서(5)	서신서(21)
그리스도인이 가져야 할 비전	선지서(17)	계시록(1)

구약				신약			
율법서	역사서	시가서	선지서	복음서	역사서	서신서	예언서
하나님 나라의 시작	하나님 나라의 발전 과정	하나님 나라 백성의 경험과 지혜	하나님 나라 백성의 실패와 새 언약의 소망	하나님 나라의 성취	하나님 나라의 확장	하나님 나라 백성의 신앙과 삶	하나님 나라 백성의 영적 전쟁과 하나님 나라 완성

6) 이제 신약성경의 중심축을 이루고 있는 네 기둥들에 대해 알아보자.

1. 신약성경의 복음서와 역사서

1) 신약성경의 첫 번째 그룹이 복음서이다. 복음서는 마태복음, 마가복음, 누가복음, 요한복음 4권이다. 이것은 구약성경의 첫 번째 그룹 율법서(5권)와 서로 대칭을 이룬다.

2) 원래 복음서란 말은 존재하지 않았다. 복음이라는 말씀이 존재했다. 복음이란 '좋은(기쁜) 소식' 혹은 '좋은 소식을 가져다준 데 대한 보상'을 의미하였다. 복음은 주로 입에서 입으로 전해진 좋은 소식이었다. 그래서 바울서신에서 그러한 의미를 가지고 '하나님의 복음'(롬 1:1, 15:16, 고후 11:7, 살전 2:2, 8, 9 등) 혹은 '그리스도의 복음'(고전 9:12, 고후 2:12, 살전 3:2 등)이라고 했다. 바울이 복음이라는 말씀을 사용할 때 결코 문서 형태로 된 복음서를 말하지 않고, 입에서 입으로 선포되고 전달된 구원에 관한 기쁜 소식을 말하고 있다.

3) 그렇다면 맨 처음에는 예수님의 제자들이나 그리스도인들이 하나님 혹은 예수 그리스도에 관하여 전해주고 설교한 내용이 복음이었다고 할 수 있다. 그러나 마가복음 1:14-15에서 예수님에 관한 선포가 아니라, 예수님의 선포 곧 예

수님께서 선포하신 말씀이 복음과 동일시되고 있다. 여기서 예수님은 하나님 나라가 가까이 왔다고 하셨고, 이 예수님의 선포가 복음이라고 했다. 그러므로 예수님(하나님)이 복음의 내용도 되고, 동시에 복음을 말하는 주체도 되는 셈이다(막 8:35, 10:29, 14:9). 예수님의 인격과 복음은 결코 분리될 수 없이 굳게 결합되어 있다. 예수님의 말씀도 복음이고, 예수님에 관한 말씀도 복음이다(막 1:1).

4) 여기에서 또 다른 세 번째 복음서라는 장르까지, 문헌의 유형의 의미까지 곁들여 있다. 입으로 전달되고 선포된 예수님의 말씀과 예수님에 관한 말씀이 어느 시점에서 문서로 기록되면서 이 문서를 복음서라고 부르게 된 것이다. 그러므로 복음이라는 말씀에는 3가지의 의미가 함께 있다. 첫째, 예수님께서 하신 말씀이다. 둘째, 예수님에 관해서 제자들이 전해준 말씀이다. 셋째, 그 말씀들을 문헌으로 기록해 놓은 복음서이다. 이러한 복음서에는 마태복음, 마가복음, 누가복음, 요한복음이 있다.

5) 마태복음, 마가복음, 누가복음을 공관복음이라고 한다. 공통적인 관점에서 기록되었다고 해서 그렇게 말씀하고 있다. 세 복음서를 자세히 읽어보면 그 구조와 내용에 있어서 매우 커다란 유사성을 보여주고 있다. 그 유사성은 공관복음이 모두 세례 요한의 등장 - 예수님의 시험 – 갈릴리 사역 – 갈릴리에서 예루살렘으로 가면서 하는 사역 – 예루살렘

사역 – 예수님의 죽음과 부활 등의 순서로 이루어져 있다. 이러한 일치점에도 불구하고 구체적인 내용에 들어가면 많은 차이점들이 있다.

6) 공관복음과 달리 요한복음을 제4복음서라고 한다. 요한복음은 공관복음과 사뭇 다른 구조와 내용을 보여주고 있다. 물론 네 복음서들이 구조에서나 내용에서 공통점을 보여주는 것은 예수님의 수난에 대한 기록이다. 하지만 공관복음과 요한복음에서는 많은 차이점도 있다. 공관복음에서는 예수님의 단 한 번의 예루살렘 여행을 하고, 그곳에서 죽는다는 것이다. 그러므로 예수님의 활동 무대는 주로 갈릴리와 그 주변 지역이다. 예루살렘 체류 기간도 일주일에 불과하다. 예수님의 공생애 기간도 일 년 남짓밖에 되지 않는다. 그러나 요한복음에서 예수님은 예루살렘을 네 차례나 여행한다(2:13, 5:1, 7:10, 12:12). 그 중에 세 번은 유월절 행사에 참석하고 있다(2:13, 5:1, 7:10). 그러므로 예수님의 활동 무대가 주로 예루살렘과 그 주변 지역이다. 예루살렘 체류 기간도 최소한 6개월 이상이며, 공생애 기간도 3년쯤 되는 것이다. 이렇게 예수님의 생애와 활동 무대가 차이가 나고 있다. 이러한 복음서를 정리하면 다음과 같다.

구분	마태복음	마가복음	누가복음	요한복음
관점	왕	종	사람	하나님
중요 구절	마 2:2	막 10:45	눅 19:10	요 20:31
대상	유대인	로마인	헬라인	모든 사람
기자의 직업	세리	전파자	의사	어부
중심 내용	예수님은 구약에서 예언하신 메시아(왕)이다.	예수님은 종으로 섬김과 희생으로 오셨다	예수님은 사람을 구원하시려고 사람으로 오셨다.	예수님이 하나님의 아들이심을 믿게 하려고 오셨다.
특징	인성(人性)			신성(神性)
핵심 단어	예수님			
적용	경배와 순종	섬기자	전하자	사랑하자

7) 신약성경의 두 번째 그룹은 역사서이다. 사도행전이다. 구약성경의 역사서는 이스라엘의 역사를 기록했지만, 신약성경의 역사서는 교회의 역사를 기록하고 있다. 새 이스라엘의 역사이다. 신약성경의 역사서는 복음서와 밀접한 연관성을 가지고 있다. 특별히 누가복음이 그렇다. 그래서 누가복음이 전편이고, 사도행전이 후편이다. 따라서 사도행전은 복음이 전파되는 역사 즉 복음사이다.

8) 사도행전은 복음서를 통해 예수님이 전하신 하나님 나라의 복음이 널리 확장되어 하나님의 나라가 온 유대와 사마리아

와 소아시아, 유럽 로마까지 확장되는 과정을 기록하고 있다. 먼저 베드로 사도를 중심으로 예루살렘 교회가 확장되는 과정을 기록하고 있다. 그리고 예루살렘 교회의 박해를 통해 흩어진 하나님의 백성들이 세운 안디옥 교회를 중심으로 이루어지고 있다. 베드로 사도에 이어 그 다음 바울 사도를 중심으로 특별히 선교 여행을 통해 이방 지역에까지 교회가 세워지고, 하나님의 나라가 확장되어지는 과정을 기록하고 있다. 따라서 예수 그리스도에 의해 성취된 하나님 나라의 복음이 온 세계로 확장되는 것을 기록하고 있다. 그리고 예수 그리스도 재림을 통해 하나님의 나라가 완성될 때까지 교회 시대의 모든 과정이 하나님 나라를 온 세계로 확장하는 과정을 확증하고 있다.

9) 누가복음이 예수님의 탄생에서부터 그의 죽음과 부활과 승천까지 즉 예수님께서 주로 팔레스타인 안에서 유대인을 대상으로 복음을 전파하는 내용을 말씀하고 있다. 이렇게 복음서가 주로 지상의 예수님에 대해서 말씀하고 있다. 그러나 사도행전은 천상의 예수님에 대해서 말씀하고 있다. 사도행전은 예수님의 승천에서부터 바울이 로마에 입성할 때까지 즉 예수님의 제자들이 땅끝까지 이방인을 상대로 복음을 전파하는 내용을 기록하고 있다. 결국 누가복음에서 예수님의 활동이, 사도행전에서 예수님의 제자들의 활동으로 기록되어 있다.

10) 따라서 누가복음이 갈릴리에서 시작하여 예루살렘까지 즉 '갈릴리에서 예루살렘까지' 예수님의 공생애를 중심으로 한다면, 사도행전은 누가복음의 예루살렘에서 시작하여 로마까지 복음이 전파되는 즉 '예루살렘에서 로마까지' 복음이 전파되는 과정을 기록하고 있다. 그래서 누가복음을 '예루살렘으로 가는 길'이라고 부른다면, 사도행전은 '로마로 가는 길'이라고 부를 수 있다. 예루살렘과 로마는 두 개의 중요한 지리적 축이라고 말할 수 있다. 이것을 다시 누가복음과 사도행전의 전체를 간단히 구조적으로 말하면 다음과 같다.

*** 누가복음 서론**(눅 1:1-4)

첫째, 요한과 예수님의 탄생(눅 1:5-2:52)

둘째, 요한의 활동(눅 3:1-22)

셋째, 예수님의 활동(눅 3:23-24:53)

- 예수님의 갈릴리 활동(눅 4:14-9:50)
- 예수님의 예루살렘 여행(눅 9:51-19:28)
- 예수님의 예루살렘 활동(눅 19:29-23:49)

*** 사도행전 서론**(행 1:1-2)

넷째, 사도들의 활동(행 1:3-28:31)

- 예루살렘에서 활동(행 1:6-8:1)
- 온 유대와 사마리아에서의 활동(행 8:2-11:18)
- 땅끝(=로마)까지의 활동(행 11:19-28:31)

11) 누가복음이 예수 그리스도께서 '시작하신 일'을 기록하고 예수 그리스도의 승천으로 끝을 맺는다(눅 24:49-51). 예수님의 지상 선교가 기록되어 있다. 성령님을 통한 예수님의 사역을 말씀하고 있다. 예수님의 행적에 중심을 두고 있다. 그러나 사도행전은 천상에 계신 예수 그리스도께서 성령을 통하여 '계속하고 있는 일'을 기록하고 있다. 예수 그리스도의 승천에서 시작하고 있다(행 1:10-11). 예수님의 천상 선교가 기록되어 있다. 그것도 제자들을 통한 행적을 말씀하고 있다. 성령님을 통한 교회의 사역을 말씀하고 있다.

12) 사도행전에 나오는 6개의 '일반적인 요약 문구'가 나타나고 있다. 6개의 요약 문구 중 3개는 베드로와 관련해서, 나머지 3개는 바울과 관련해서 사용되고 있다.

- 첫째, 사도행전 1:1-6:7(예루살렘 교회와 베드로의 설교가 중심)
  6:7 "하나님의 말씀이 점점 왕성하여 예루살렘에 있는 제자의 수가 더 심히 많아지고 허다한 제사장의 무리도

이 도에 복종하니라".

- 둘째, 사도행전 6:8-9:31(팔레스타인에서의 교회 확장, 스데반의 설교와 유대 당국자들과의 논쟁)

  9:31 "그리하여 온 유대와 갈릴리와 사마리아 교회가 평안하여 든든히 서 가고 주를 경외함과 성령의 위로로 진행하여 수가 더 많아지니라".

- 셋째, 사도행전 9:32-12:24 (안디옥으로의 교회 확장, 고넬료의 개종과 유대 당국자들과의 논쟁)

  12:24 "하나님의 말씀은 흥왕하여 더하더라".

- 넷째, 사도행전 12:25-16:5(소아시아로의 교회 확장)

  16:5 "이에 여러 교회가 믿음이 더 굳건해지고 수가 날마다 늘어가니라".

- 다섯째, 사도행전 16:6-19:20 (유럽으로의 교회 확장, 고린도와 에베소 등에서의 바울의 선교 활동)

  19:20 "이와 같이 주의 말씀이 힘이 있어 흥왕하여 세력을 얻으니라".

- 여섯째, 사도행전 19:21-28:31(바울의 로마 도착)

  28:31 "하나님의 나라를 전파하며 주 예수 그리스도에 관한 모든 것을 담대하게 거침없이 가르치더라".

13) 이러한 6개의 요약 문구 중 앞의 3개가 베드로의 활동과

관련이 있고, 뒤의 3개가 바울의 활동과 관련이 있기 때문에 사도행전의 2중 구조와 무관하지 않으며, 또한 이 6개의 요약 문구가 복음이 예루살렘과 온 유대와 사마리아를 넘어 소아시아와 로마로까지 확장되는 단계를 암시하고 있는 점에서 지리적 3중 구조와도 전혀 무관하지 않은 것으로 보인다(6:7, 9:31, 12:24, 16:5, 19:20, 28:31). 그러므로 신약성경의 역사서인 사도행전은 초대 교회의 역사를 이해하는데 큰 도움을 주고 있다. 뿐만 아니라, 바울 서신의 역사적 배경이 되고 있다. 따라서 사도행전은 복음서와 서신서를 연결해 주는 다리 역할을 하고 있다.

2. 신약성경의 서신서와 예언서

1) 신약성경의 세 번째 그룹은 서신서이다. 서신서는 로마서에서 유다서까지이다. 서신서는 사도행전과 요한계시록을 연결하는 다리 역할을 한다. 구약성경의 시가서가 5권인데 반하여, 신약성경의 서신서는 21권이다.

2) 서신서는 대단히 중요하다. 서신서가 많은 이유는 신약시대 사도들이 구약의 선지자들과 다르게 광범위한 지역을 이동하면서 사역했기 때문이다. 사도들은 과거에 복음을 전했던 지역에 교리적인 문제가 생겼거나, 윤리적인 문제들이 발

생하면 직접 갈 수 없을 때 서신을 통해서 문제를 해결했다. 또한 자신이 직접 간 적이 없는 지역에 복음을 전하거나, 흩어진 성도들에게 권면할 때에도 가장 좋은 방편이 서신이었다. 이런 과정에서 발생한 사도들의 소중한 기록이 서신서이다.

3) 따라서 서신서는 하나님의 백성이 된 사람들의 신앙과 삶을 잘 정리해 주고 있다. 그러므로 서신서는 하나님 나라 복음이 확장되면서 세워진 교회들이 이제 어떻게 살아야 하는가? 뿐만 아니라 어떠한 신앙을 가지고 세상과 싸워서 승리해야 하는가? 이러한 여러가지 현실적인 문제에 대한 해답을 제시하고 있다. 복음서가 복음의 성취에 대해서 말씀하고, 역사서가 복음의 확장을 말씀하고 있다면, 서신서는 복음의 적용을 말씀하고 있다.
복음을 실제 삶에 어떻게 적용할 것인지를 말씀하고 있다.

4) 서신서(21권)는 크게 두 부분으로 나눈다. 하나는 바울서신 13권이다. 로마서부터 빌레몬서까지이다. 다른 하나는 일반서신 8권이다. 히브리서에서 유다서까지이다. 바울서신은 주로 특정한 교회나 교회의 지도자들에게 서신을 쓰고 있다. 그러나 일반서신은 흩어져 있는 하나님의 백성들에게 서신을 쓰고 있다. 그래서 바울서신은 주로 수신자 중심으로 말씀하고, 히브리서를 제외한 공동서신은 발신자 중심으로 말씀하고 있다.

5) 신약성경의 네 번째 그룹이 요한계시록이다. 요한계시록은 계시(묵시)이며, 서신이며, 예언이다. 구약성경의 선지서 혹은 예언서가 17권인데 반해, 신약성경의 예언서는 1권이다. 1권으로 충분하기 때문이다. 더 이상 필요가 없다. 따라서 요한계시록은 신약성경, 아니 성경 전체의 최종 마지막이다.

6) 창세기가 시작이라면, 요한계시록은 완성이다. 요한계시록에서 하나님의 구원 계획이 마침내 완성되고, 하나님의 거룩하신 이름이 모든 창조물 앞에서 영광을 받으시는 것을 기록하고 있다. 이러한 요한계시록은 서신서와 연결되어 하나님의 교회에게 주어질 영광을 말씀하고 있다. 다시 말해서 복음서에서 하나님 나라의 성취가 이제 하나님의 나라가 완성되었다는 것을 말씀하고 있다. 복음서가 복음의 전파(기초)를 말씀하고, 역사서가 복음의 확장(확산)을 말씀하고, 서신서가 복음의 본질(적용)을 말씀하고 있다면, 요한계시록은 복음의 승리(열매)를 말씀하고 있다. 그러므로 요한계시록은 역사 속에 진행된 하나님 나라가 심판으로 끝이 나고, 예수 그리스도의 재림과 함께 완성된 하나님 나라가 도래할 것을 묵시적 환상을 통해 기록하고 있다.

7) 신약성경에서 요한이라는 말이 들어 있는 것은 요한복음과 요한서신들과 요한계시록 이렇게 5권이다. 이것을 가리켜 요한문헌, 혹은 요한신학이라고 한다. 이것은 서로 상호보완 작용을 하고 있다. 요한복음이 구원의 문제를, 요한서

신이 성화의 문제를, 요한계시록은 영화의 문제를 말씀하고 있다. 따라서 요한계시록은 하나님의 나라가 완성될 때, 일곱 교회 즉 하나님의 교회가 누리게 될 영광에 대해서 말씀하고 있다. 이렇게 성경 전체의 마지막은 하나님의 궁극적인 승리로 끝을 맺는다.

결론 성경은 구약성경과 신약성경으로 나눈다. 구약성경은 39권이며, 신약성경은 27권이다. 서로 다른 권수로 이루어졌는데도, 4+4구조를 이루고 있다. 구약성경이 네 기둥들로 이루어진 것과 같이 신약성경도 네 기둥들, 네 장르들로 이루어져 있다.

1) 구약성경이 주로 선지자들에 의해 기록된 것과 같이 신약성경도 주로 사도들에 의해서 기록되었다. 모든 사도들이 신약성경을 기록한 것은 A.D. 50-100년이다. 예수 그리스도께서 성취하신 하나님의 복음이 교회를 통해 온 세상으로 퍼져 나가던 시기에 기록된 것이다.

2) 신약성경의 기록 시점을 기준으로 볼 때, 복음서는 과거에 예수 그리스도께서 행하신 사역과 가르침을 정리한 것이다. 역사서인 사도행전은 예수 그리스도께서 부활하신 후 40일 동안 지상에 계시다가 승천하신 내용과 이후에 예루살렘에서부터 시작하여 사마리아와 소아시아, 유럽, 더 나아가서 로마까지 하나님 나라 복음이 전파된 과정을 기록하고 있다.

3) 이렇게 복음서와 사도행전은 과거의 기록이다. 하지만 서신서는 각 교회의 하나님의 백성의 신앙과 삶의 내용을 교훈하기 위해서 보낸 서신으로 현재적 기록이다. 서신서는 예수님의 사역과 가르침을 정리하여, 교회의 신앙과 삶의 뼈대를 세우고 있다. 그리고 마지막에 위치한 요한계시록은 당시의 시점부터 예수 그리스도께서 재림하셔서 하나님 나라가 완성될 때까지의 모든 과정을 기록함으로 현재적이며, 미래적이라고 할 수 있다.

4) 신약성경의 중심축은 두 가지이다. 하나는 하나님 나라의 복음이다. 다른 하나는 하나님 백성의 신앙이다. 이렇게 성경 전체가 하나님 나라의 시작에서 하나님 나라의 완성까지이다. 에덴에서 시작하여 에덴의 완성이다. 그 중에 신약성경은 하나님 나라의 성취에서 완성까지이다.

5) 하지만 우리는 '이미'와 '아직'의 둘 사이의 긴장에 있다. 이미 하나님의 나라가 시작되었지만, 아직 하나님의 나라가 완성되지 않았다. 신약성경을 도표로 그려보면 다음과 같다.

구조	복음서(4)	역사서(1)	서신서(21)	선지서(1)
분류	마태복음- 요한복음	사도행전	로마서-유다서	요한계시록
시제	과거	과거	현재	미래
중점	사건	사건	권면	계획(환상)
형식	서술	서술	서신	계시
핵심	복음의 성취	복음의 확장	복음의 적용	복음의 승리

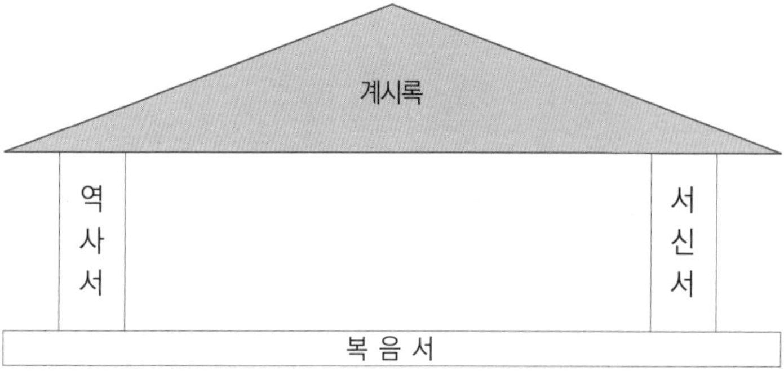

구약성경				신약성경			
율법서	역사서	시가서	선지서	복음서	역사서	서신서	계시록
과거		현재	미래	과거		현재	미래
사건		체험	기대	사건		권면	계획
서술		노래	선포	서술		편지	계시

오직 이것을 기록함은 너희로 예수께서 하나님의 아들 그리스도이심을 믿게 하려 함이요 또 너희로 믿고 그 이름을 힘입어 생명을 얻게 하려 함이니라.

But these are written that you may believe that Jesus is the Christ, the Son of God, and that by believing you may have life in his name.

NASB: 31 but these have been written that you may believe that Jesus is the Christ, the Son of God; and that believing you may have life in His name.

요한복음 20:31

12

신약성경의 복음서

12 | 신약성경의 복음서

성경의 이해 : 누가복음 1:1-4, 요한복음 20:31, 21:25

서론 성경은 통일성과 다양성을 가지고 있다. 또한 역사성과 점진성을 가지고 있다. 그리고 연속성과 불연속성을 가지고 있다. 성경은 절대로 무 자르듯이 딱 단절되지 않는다. 자연스럽게 서로 연결되어 있다. 창세기와 출애굽기가 서로 연결되고, 신명기와 여호수아가 연결되고, 역대하와 에스라가 연결되고, 등등 이렇게 구약성경과 신약성경이 서로 연결되어 있다. 그러나 서로 잘 연결되지 않는 것도 있다. 또한 유대교의 '타나크'(TaNaK)는 크게 세 부분으로 나눈다. 토라(Torah) 즉 율법서, 느비임(Nebiim) 즉 예언서, 케투빔(Kethubim) 즉 성문서, 이렇게 삼중적으로 구분하고 있다. 이런 유대교 구약성경의 '타나크'(TaNaK)와 신약성경을 맞추기 위해서 '에판'(EaPaN)을 주장하면서 크게 세 부분으로 이루어져 있다는 것이다. 복음서 즉 에반겔리움(Evangelim), 바울서신(Pauline Letter), 그리고 사도행전과 비바울서신(Non-Pauline Letter, Extra-Pauline Letter) 이렇게 삼중적으로 구분하려고 한다. 그리고 역사서(5), 서신서(21), 계시록(1)으로 구분하려고 한다. 이것은 구약성경의 역사서(17), 시가서(5), 선지서(17)와 맞추기 위해서이다.

1) 구약성경이 크게 네 기둥들이 있는 것과 같이 신약성경도 네 기둥들이 있다. 네 장르들이 있다. 네 그룹들이 있다.

2) 구약성경의 첫 번째 그룹이 율법서이다. 하나님은 천지 창조를 통해서 세상을 시작했다.

그러나 그만 인간의 타락으로 저주 아래 놓이게 되었다. 그래서 창세기는 요셉의 죽음으로 끝을 맺고 있다. 율법서의 끝인 신명기에서는 모세의 죽음으로 끝을 맺고 있다. 하지만 하나님의 구원의 역사는 다시금 새롭게 시작하고 있다. 창세기에서 출애굽기는 에덴으로 시작하여 성막의 완성으로 하나님의 영광이 충만함을 통해서 에덴의 완성을 말씀하고 있다. 이것을 통해서 처음 시작하신 하나님께서 반드시 완성하신다는 것이다. 그러니 죽음이 끝이 아니라, 죽음에서 새로운 시작을 하는 것이다. 하나님의 새로운 시작이라는 사실을 보여주고 있다.

3) 구약성경의 두 번째 그룹이 역사서이다.

역사서는 서로 다른 두 관점이 있다. 하나는 신명기 역사이다. 신명기의 핵심인 하나님의 말씀에 순종하면 복받고, 하나님의 말씀에 불순종하면 저주받는다는 것이다. 한마디로 이스라엘의 흥망성쇠를 말씀하고 있다. 실패의 역사이다. 또 다른 하나는 역대기 역사이다. 역대기 역사를 통해 과거 웅장했던 이스라엘의 역사를 회고하고, 거기에 기초해서 내일의 유다 즉 이스라엘을 세우려는 꿈을 말씀하고 있다. 회복의 역사이다.

4) 구약성경의 세 번째 그룹이 시가서이다.

시가서는 역사서인 에스더 다음에 정경적으로 배열되어 있다. 에스더는 바사의 통치 중에 이스라엘 백성들을 보존하시는 하나님의 은혜를 기록했다. 그러한 은혜에 대한 반응, 인간의 반응이 시가서다. 그것도 각 시대마다 일상생활 중에 가져야 할 신앙이다. 한마디로 '복 있는 지혜로운 자'가 되어야 한다.

욥기의 절대적 주권, 시편의 예배, 잠언의 지혜, 전도서의 헛됨, 아가서의 사랑에 더 깊은 신앙으로, 올바른 신앙으로 반응해야 한다.

5) 구약성경의 네 번째 그룹이 선지서이다.

선지서는 크게 세 가지 중요한 말씀을 하고 있다.

첫째는 여호와의 날이다. 여호와의 날은 이중성을 가지고 있다. 하나는 심판의 날이고, 다른 하나는 회복의 날이다. 둘째는 메시아에 대한 약속이다. 메시아가 처녀 탄생에서부터 하나님의 보좌 우편에 앉으심까지를 말씀하고 있다. 메시아를 통한 영원한 하나님 나라를 말씀하고 있다. 셋째는 남은 자의 사상이다. 메시아가 올 때까지 이스라엘은 남은 자로 살아야 한다. 세상과 타협하지 말고 오직 하나님의 백성답게 구별되어야 한다. 끝까지 신앙을 지켜야 한다.

6) 구약성경과 신약성경의 중간기, 영적 암흑기 400년을 거쳐 이제 신약성경의 첫 번째 그룹이 복음서이다.

1. 복음서의 이해

1) 신약성경의 첫 번째 그룹이 복음서이다. 신약의 복음서는 마태복음, 마가복음, 누가복음, 요한복음 4권이다. 이것은 구약성경의 첫 번째 그룹인 율법서 즉 창세기, 출애굽기, 레위기, 민수기, 신명기 5권과 서로 대칭을 이루고 있다. 복음은 율법의 완성이다.

2) 바울은 '하나님의 복음'(롬 1:1, 15:16, 고후 11:7, 살전 2:2, 8, 9 등) 혹은 '그리스도의 복음'(고전 9:12, 고후 2:12, 살전 3:2 등)이라고 한다. 이러한 복음이라는 말씀에는 3가지 의미가 함께 있다. 첫째, 예수님께서 하신 말씀이다. 둘째, 예수님에 관해서 제자들이 전해준 말씀이다. 셋째, 그 말씀들을 문헌으로 기록해 놓은 복음서이다.

3) 복음서는 처음부터 문자로 기록된 것이 아니었다. 첫째, 주후 1세기 첫 30년 동안에 나사렛 예수님께서 공적 사역을 통해 하나님의 나라를 선포한 단계가 있었다. 둘째, 주후 30-65년 사이에 사도들과 목격자들이 예수님에 관해 구전으로 선포하는 단계가 있었다. 셋째, 주후 65-100년 사이에 복음서들이 기록되는 단계가 있었다. 주로 마가복음이

가장 먼저 기록되어 있으며, 그리고 마태복음과 누가복음이 기록되었으며, 요한복음이 독자성을 가지고 가장 늦게 기록되었다는 것이다. 이러한 복음서는 정경적으로 마태복음, 마가복음, 누가복음, 요한복음 4권이다. 오직 4개의 정경적 복음서만이 예수님의 전 사역과 생애를 포괄하는 복음서로서 성격을 지니고 있다. 하나님이 예수 그리스도의 죽음과 부활을 통하여 온 민족에게 선포된 구원의 소식을 선포하고 있기 때문이다(막 1:1, 롬 1:1 등).

4) 이 부분에 대해서 누가복음 1:1-4에서 아주 자세하게 말씀하고 있다. 다음과 같은 네 단계를 밝혀주고 있다.

- 첫째는 '우리 중에 이루어진 사실'의 단계이다. 이는 예수님이 세상에서 활동하실 때를 의미하는데, 여기에는 예수님이 전한 말씀과 행한 사역들이 포함되고 있다.
- 둘째는 '처음부터 목격자와 말씀의 일꾼이 된 자들이 전하여 준' 단계이다. 목격자와 일꾼이 된 자들은 예수님이 세상에서 활동하실 때 함께 했던 사람들이다.
- 셋째는 '그대로 내력을 저술하려고 붓을 든 사람이 많은' 단계이다. 붓을 든 사람들은 예수님의 말씀을 직접 듣고 행적을 직접 본 사람들은 아니었다. 그들은 전해들은 것들을 글로 적으면서 그대로 저술하려고 했지만, 이 역시 어려운 일이었다.

- 넷째는 마지막으로 '그 모든 일을 근원부터 자세히 미루어 살핀 나도 데오빌로 각하에게 차례대로 써 보내는' 단계이다. 이는 누가복음이 기록된 단계이다. 누가복음 기록자는 예수 그리스도에 대해 자세히 미루어 살폈고, 차례대로 썼다고 강조하고 있다.

5) 그리고 복음서의 기록이 실제 역사적 사건에 대해 정확한 사실을 보도해 주려는 목적이 아니라, 신앙적 혹은 설교적 목적을 위해서 기록되었다는 것이다. 이러한 사실을 요한복음 21:25에서 알 수 있다. 복음서 기자들이 예수님에 관해 알고 있는 사건이나 말씀들을 모두 기록한 것이 아니다. 그 중에서 일부만, 즉 중요하다고 생각되는 사건과 말씀만 선택하여 기록했다는 점을 알려주고 있다. 실제 역사적 사건과 순서 그대로는 아니다. 더구나 그 기록에는 복음서 기자 자신의 신학적 해석과 설교적인 의도가 함께 있다는 사실이다. 또한 요한복음 20:31에서도 발견할 수 있다. 복음서를 기록한 첫째 목적은 신앙을 갖게 하려는 전도적, 선교적 목적이다. 둘째 목적은 신앙을 양육하려는 목회적, 교육적 목적이다.

2. 복음서의 구분

1) 복음서를 크게 두 부분으로 나눈다. 하나는 공관복음이다. 다른 하나는 요한복음이다.

2) 먼저 공관복음은 마태복음, 마가복음, 누가복음이다. 같은 공(共공)자에 볼 관(觀)자를 사용하여 같은 관점에서 본 복음서라는 것이다. 공통적인 관점에서 기록되었다.

3) 세 복음서를 자세히 읽어보면 그 구조와 내용에 있어서 매우 커다란 유사성을 보여주고 있다. 세 복음서가 비슷한 연대기적 구조와 지리적 구조를 가지고 있다. 또한 유사한 어휘, 어순, 문체를 보여주고 있다. 그 유사성은 공관복음이 모두 세례 요한의 등장 - 예수님의 시험 – 갈릴리 사역 – 갈릴리에서 예루살렘으로 가면서 하는 사역 – 예루살렘 사역 – 예수님의 죽음과 부활 등의 순서로 이루어져 있다.

4) 이러한 일치점에도 불구하고 구체적인 내용에 들어가면, 세 복음서 사이에 많은 차이점들이 있다. 상이점도 함께 존재하고 있다. 마가복음에는 예수님의 족보나 출생에 대해서 기록하지 않는다. 마태복음과 누가복음에만 기록되어 있다. 세 복음서에 기록된 예수님의 세례와 시험에 대해서도 서로 비슷하지만, 서로 다르게 기록되어 있다. 예수님의 사역에 대해서도 서로 비슷하게 기록되어 있지만, 서로 다른 요소들이 있다. 그리고 순서도 서로 다르게 나타나고 있다.

예수님에 대한 신앙고백도 서로 다르게 고백하고 있다. 더 나아가서 예수님의 수난에 대해서도 그렇고, 부활하신 예수님의 현현에 관해서도 마태복음 28장과 누가복음 24장을 비교해 보면 상당한 차이를 보여주고 있다.

5) 그래서 공관복음이지만, 이관복음이라도 할 수 있다. 다를 이(異)자에 볼 관(觀)를 사용하여 서로 다른 관점에서 본 복음서라는 의미이다. 그러므로 이관복음이라는 서로 다르게 본 복음서라는 말씀이다. 같은 교훈을 전한다면 세 복음서가 있을 필요가 없다. 오히려 서로 다르기에 존재할 이유가 있다. 그래서 세 복음서는 전체적으로 줄거리를 비슷하게 진행하지만, 구체적으로는 서로 다른 모습을 보여주고 있다.

6) 그러나 공관복음과 달리 요한복음을 제4복음서라고 한다. 요한복음은 공관복음과 다른 구조와 내용을 말씀하고 있다. 네 복음서들이 구조나 내용에서 공통점이 있다. 하지만 공관복음과 요한복음에서는 많은 차이점도 있다. 공관복음에서 예수님이 단 한 번의 예루살렘 여행을 하고 그곳에서 죽는다. 그러나 요한복음에서 예수님은 예루살렘을 네 차례나 여행한다(요 2:13, 5:1, 7:10, 12:12). 또한 요한복음에는 유월절 행사에 세 번 참석한다(요 2:13, 5:1, 7:10). 그리고 성전 정화 사건의 문맥의 위치가 다르다. 세례 요한에 대한 견해가 다르다.

7) 이렇게 요한복음이 공관복음과 기록적 차이를 보이는 것은

첫째, 역사적 예수님에 대한 기록보다 예수님의 정체성을 드러내는 신학적 의도가 드러난 결과라고 할 수 있다. 둘째, 공관복음서가 1년 정도의 갈릴리 사역 중심이라면 요한복음은 3년에 걸친 예루살렘 중심이라고 할 수 있다. 셋째, 공관복음에는 비유가 기록되어 있는데, 요한복음에는 비유가 없다. 대신에 알레고리가 보인다(요 10장, 15장). 그러면서 요한복음은 강화가 중심이다. 넷째, 공관복음에는 축귀 기적이 있지만, 요한복음에는 축귀 기적이 없다. 다섯째, 공관복음에는 하나님 나라 혹은 천국에 대해서 말씀하고 있지만, 요한복음에는 하나님 나라보다 영생을 강조한다. 여섯째 공관복음에는 메시아 비밀이 나타나지만, 요한복음에는 메시아 비밀 주제가 없다. 그러면서 요한복음에는 이중 의미, 오해, 아이러니 등 수사적 표현들이 많이 기록되어 있다.

8) 공관복음은 예수님의 공생애 활동을 수평적인 시간적 이동(갈릴리-예루살렘)에 초점을 맞추어 기록하는데 비해, 요한복음은 예수님의 공생애 활동을 수직적인 공간적 이동(하늘-세상)에 초점을 맞추어 기록하고 있다. 또 공관복음은 예수님의 말씀과 행위를 집중적으로 전해준다면, 요한복음은 예수 그리스도가 누구인지에 대해서 관심을 집중하고 있다. 그리고 공관복음은 예수님의 인성이 강조되고 있으며, 요한복음은 예수님의 신성이 강조되고 있다. 이런 구체적인 신학적 메시지의 차이에도 불구하고, 나사렛 예수님이 하나님

의 아들이시며, 십자가에 달려 죽으시고 부활하셨으며, 그 예수 그리스도가 인류의 구주라는 대명제에서는 모든 복음서들이 한 치의 차이가 없다. 지상의 예수님이 그리스도이시며, 하나님의 아들이시며, 구원자이시며, 만왕의 왕이시며, 만주의 주이시다.

결론 성경은 크게 두 부분으로 나눈다. 구약성경과 신약성경이다. 구약성경과 신약성경이 4+4의 구조를 이루고 있다. 구약성경이 크게 네 기둥들로 이루어져 있다. 구약성경은 율법서(5), 역사서(12), 시가서(5), 선지서(17)로 39권이다. 이와 같이 신약성경도 크게 네 기둥들로 이루어져 있다.

1) 신약성경의 첫 번째 그룹이 복음서이다. 마태복음, 마가복음, 누가복음, 요한복음으로 4권이다. 이러한 복음서는 구약성경의 율법서와 아주 밀접하게 연결되어 있다. 율법의 시작과 복음의 시작으로 서로 대칭을 이루고 있다. 또한 복음은 율법의 완성이다.

2) 복음서는 크게 두 부분으로 나눈다. 하나는 공관복음이고, 다른 하나는 요한복음 즉 제4복음서이다. 공관복음은 큰 구조에서 일치를 보이지만, 구체적인 내용에 들어가면 차이점이 나타난다. 그래서 공관복음이 아니라, 이관복음이라고도 할 수 있다. 그리고 요한복음과 공관복음에서도 공통점과 차이점이 함께 나타난다. 신학적 관심의 차이도 있다

3) 이러한 신학적 차이에도 불구하고 나사렛 예수님이 하나님의 아들이시며, 십자가에 달려 죽으시고 부활하셨으며, 그 예수 그리스도가 인류의 구주라는 대명제에 있어서는 모든 복음서들이 한 치의 차이도 없다. 이 핵심을 믿음으로 받아들이는 사람에게 이러한 차이는 오히려 더 풍성한 신학적 메시지로 다가올 것이다. 서로 다른 강조점의 차이와 상호 보완을 통해서 더 예수 그리스도를 깊이 알아가는 기회가 된다는 것이다. 서로 다르다는 것이 잘못된 것이나, 틀린 것이 절대로 아니라는 사실을 명심해야 한다.

4) 이렇게 복음서는 예수님의 모습을 여러 가지 관점에서 보여주고 있다. 특별히 4 복음서의 4는 이 땅을 의미하는 숫자이기도 하다. 보통 이 세상을 가리킬 때, '동서남북'이라고 한다. 3이 하늘을 가리키는 숫자라면, 4는 땅을 가리키는 숫자이다. 그리고 3과 4를 합하면 7이 되는데, 이는 하나님의 숫자, 완전한 숫자가 된다. 이런 의미에서 예수님의 지상 생애를 기록한 복음서가 '네 권'으로 기록된 것은 우연의 일치가 아니다. 마태복음은 하나님의 아들 예수님의 가르침에 주목한다. 마가복음은 하나님의 아들인 예수님을 섬김의 종으로 보여준다. 누가복음은 하나님의 아들 예수님이 가난하고 병든 밑바닥 사람들을 구원하는 모습을 보여준다. 요한복음은 하나님의 아들 예수님의 인격과 영적인 면을 비추어 주고 있다.

5) 이러한 복음서의 내용을 네 개의 헬라어로 표현하여 요약하면 다음과 같다. 마태복음은 '디다케'이다. '디다케'는 가르침을 전하는 것이다. 마태복음은 예수님의 가르침에 집중하기 때문에 '디다케'의 복음이다. 마가복음은 '디아코니아'이다. '디아코니아'는 섬김, 봉사라는 뜻이다. 마가복음은 예수님의 활동 중에서 섬김을 강조하기 때문에 '디아코니아'의 복음이다. 누가복음은 '코이노니아'이다. '코이노니아'는 친교, 사귐, 나눔을 뜻한다. 누가복음은 예수님의 모습을 따돌림 당하는 이들과 함께하시는 모습을 그리기 때문에 '코이노니아'의 복음이다. 요한복음은 '프뉴마'이다. '프뉴마'는 영, 바람을 뜻한다. 요한복음은 예수님의 영적인 모습을 부각하기 때문에 '프뉴마'의 복음이라고 할 수 있다. 이러한 복음서를 정리하면 다음과 같다.

구분	마태복음	마가복음	누가복음	요한복음
관점	왕	종	사람	하나님
중요 구절	마 2:2	막 10:45	눅 19:10	요 20:31
대상	유대인	로마인	헬라인	모든 사람
기자의 직업	세리	전파자	의사	어부
중심 내용	예수님은 구약에서 예언하신 메시아(왕)이다.	예수님은 종으로 섬김과 희생으로 오셨다	예수님은 사람을 구원하시려고 사람으로 오셨다.	예수님이 하나님의 아들이심을 믿게 하려고 오셨다.
특징	인성(人性)			신성(神性)
핵심 단어	예수님			
적용	경배와 순종	섬기자	전하자	사랑하자

오직 성령이 너희에게 임하시면 너희가 권능을 받고
예루살렘과 온 유대와 사마리아와 땅 끝까지 이르러 내 증인이 되리라 하시니라 .
But you will receive power when the Holy Spirit comes on you; and you will be my
witnesses in Jerusalem, and in all Judea and Samaria, and to the ends of the earth."
사도행전 1:8

13 신약성경의 역사서 (사도행전)

13 | 신약성경의 역사서(사도행전)

성경의 이해 : 사도행전 1:8, 28:30-31

서론 기독교의 성경은 유대인의 '타나크'와 다르다. 기독교의 성경은 크게 두 부분으로 나눈다. 하나는 구약성경이고, 다른 하나는 신약성경이다. 구약성경이 39권이고, 신약성경이 27권이다. 구약성경과 신약성경이 4+4의 구조를 가지고 있다.

1) 구약성경이 크게 네 기둥들이 있는 것과 같이 신약성경도 네 기둥들이 있다. 네 장르들이 있다. 네 그룹들이 있다.

2) 신약성경의 첫 번째 그룹이 복음서이다.

복음서는 아브라함과 다윗의 자손 예수 그리스도의 계보로 시작하여, 예수 그리스도의 탄생, 공생애, 고난 받으심, 십자가에 못 박히심, 죽으심, 부활하심, 승천하심으로 끝을 맺고 있다. 이러한 복음서에는 크게 두 가지로 구분할 수 있다. 하나는 공관복음이다. 마태복음과 마가복음과 누가복음이다. 다른 하나는 요한복음이다. 제4복음서이다. 영적인 복음이다.

3) 신약성경의 두 번째 그룹이 역사서이다.

사도행전이다. 사도행전은 새 이스라엘의 역사를 말씀하고 있다. 교회의 역사를 말씀하고 있다. 예수 그리스도께서 부활, 승천하신 이후에 오순절 날 성령이 강림하심으로 교회가 세워졌다는 것이다. 새로운 이스라엘이 탄생하게 되었다는 것이다. 탄생되었을 뿐만 아니라, '내 증인이 되라'는 말씀을 따라서 교회가 곳곳에 세워졌다. 하나님의 복음을 통해 하나님의 교회가 세워짐으로 하나님의 나라가 확장되었다는 것이다.

4) 신약성경의 세 번째 그룹이 서신서이다.

하나님의 복음 전파를 통해서 하나님의 교회가 곳곳에 세워졌다. 서신서는 그 교회 안에 발생하는 여러 가지 문제들과 그 문제들을 수습하기 위해 가르치고 있다. 즉 교리와 생활 즉 윤리를 편지에 담아서 각 교회와 개인들에게 보내고 있다.

5) 신약성경의 네 번째 그룹이 요한계시록이다.

요한계시록은 예수 그리스도의 계시이며, 서신이며, 예언이다. 요한계시록은 크게 두 가지를 말씀하고 있다. 하나는 심판이며, 다른 하나는 영광이다. 하나님의 교회의 최후의 승리를 말씀하고 있다. 교회가 누릴 영광, 이기는 자에게 주어지는 복에 대해서 말씀하고 있다.

6) 신약성경의 첫 번째 그룹이 복음서이고, 그 다음 두 번째 그룹이 역사서, 사도행전이다.

1. 역사서의 이해

1) 신약성경의 두 번째 그룹이 역사서이다. 사도행전이다. 구약성경의 역사서는 12권이다. 이스라엘 백성들의 역사를 말씀하고 있다. 그러나 신약성경의 역사서는 1권이다. 새 이스라엘의 역사를 말씀하고 있다. 교회의 역사를 말씀하고 있다.

2) 사도행전은 대단히 중요하다. 왜냐하면 복음서와 서신서를 연결하는 다리 역할을 하기 때문이다. 또한 사도행전은 복음과 아주 밀접하게 연결되어 있으면서 그 결과를 말씀하고 있다. 그리고 사도행전은 서신서의 배경적 역할도 함께 하고 있다. 사도행전을 통해서도 서신서를 올바르게 이해할 수 있도록 한다.

3) 사도행전은 단순히 교회의 역사가 아니라, 복음이 전파되는 역사, 즉 복음사라고 할 수 있다. 복음서들과 마찬가지로 복음이 무엇인가를 알려주는 역할을 하고 있다. 복음서가 없다면 사도행전도 있을 수 없다. 복음서가 있다면 당연히 복음사인 사도행전도 있어야 한다. 그래서 복음서 다음에 사도행전으로 연결되는 것이다. 예수 그리스도로 말미암아 시

작된 하나님의 구속 역사가 예수 그리스도의 승천 이후에도 역사를 통해 여전히 주도권을 가지고 역사하고 있다. 그것도 성령을 통해서 역사하신다. 복음서가 예수 그리스도의 지상 사역을 말씀하고 있다면, 사도행전은 예수 그리스도의 천상 사역을 말씀하고 있다.

4) 사도행전은 누가복음과 아주 밀접한 관계를 가지고 있다. 사도행전과 누가복음은 모두 누가에 의해서 기록되었다고 해서 누가 문서라고 한다. 또한 누가의 기록이라고 한다. 그리고 누가 문헌이라고 한다. 누가 문서는 다른 복음서들과 다르고, 서신서들과 다르다.
다른 복음서들은 오직 '예수님의 행적'에만 관심을 가진 반면, 누가 문서는 전체적으로 '예수님과 그의 제자들의 활동'에 관심을 가지면서 기록하고 있다. 또한 서신서들이 예수님의 제자들의 신앙생활에 더 큰 관심을 가진 반면, 누가 문서는 서신서와 달리 예수님에게도 관심을 가지고 있다. 따라서 복음서들이 오직 예수님에게만, 서신서들이 오직 제자들에게만 관심을 갖고 있는데, 누가 문서는 예수님과 함께 그의 제자들에 대해 관심을 가지고 하나의 연속된 기록을 하고 있다.

5) 누가복음이 예수님의 활동을 기록하고, 사도행전이 사도들의 활동을 기록하고 있다. 또한 누가복음과 사도행전이 모두 데오빌로에게 헌정된 점에서 '데오빌로전서'와 '데오빌로후서'로, 혹은 '누가 상'과 '누가 하'로 이해하여 두 권

의 역사적 통일성을 강조한다. 그래서 '누가복음-사도행전'(Luke-Acts) 혹은 '누가-행전'이라고 부르기도 한다.

6) 그런데 정경적 배열로 보면, 누가복음-사도행전으로 이어지는 것이 아니라, 누가복음-요한복음-사도행전으로 이어지고 있다는 사실이다. 왜 누가복음과 사도행전 사이에 요한복음이 있는가? 그 핵심은 누가복음의 예수님의 인성, 요한복음의 예수님의 신성을 통해서 예수님이 그리스도이시며, 하나님의 아들로 우리의 참된 구원자, 메시아이심을 밝히고, 이러한 지상의 예수님이 이제 천상의 예수님으로 전환되는 것이 사도행전이다. 지상에서만 메시아가 아니라, 천상에서도 여전히 메시아이심을 밝히고 있다. 그리고 더 나아가서 우선 누가복음은 다른 복음서들과 잘 어울릴 수밖에 없다. 또한 사도행전은 신약의 다른 문서들과 성격이 다른데다가 오히려 바울서신들의 서론으로 아주 잘 어울리기 때문이다. 그래서 복음서와 서신서의 중심에 사도행전이 있다. 더구나 사도행전이 바울의 로마 입성으로 끝나는데, 바울서신들은 로마에 보낸 바울의 편지로 시작하고 있다.

2. 역사서의 구분

1) 누가 문서는 역사를 크게 세 시기로 구분하고 있다(눅

16:16). 첫째 시기는 세례 요한의 사역이 끝난 '율법과 선지자들의 시대'이다. 구약시대이다. 준비의 시대이다. 둘째 시기는 세례 요한의 사역이 끝난 '예수님의 지상 사역 시대'이다. 신약시대이다. 성취의 시대이다. 셋째 시기는 예수님의 지상 사역이 끝난 이후 '하나님 나라의 복음이 확장되는 시대'이다. 모든 민족에게 선포하는 시대이다. 완성을 향해 가는 시대이다.

2) 또한 누가 문서를 크게 두 가지로 나누어 생각할 수 있다. 하나는 연대기적으로 생각하는 것이다. 연대기적으로 보면 누가복음은 예수님의 탄생에서부터 그의 죽음과 부활과 승천까지를 기록하고 있다. 주로 예수님이 유대인을 대상으로 복음을 전파하는 내용을 기록하고 있다. 그러나 사도행전은 예수님의 부활과 승천에서 시작하여 바울이 로마에 입성하여 하나님 나라의 가르침을 기록하고 있다. 주로 예수님의 제자들을 통해 유대인에서 이방인, 땅끝까지 복음을 전파하는 내용을 기록하고 있다.

3) 다른 하나는 지리적으로 생각하는 것이다. 지리적으로 보면 누가복음은 비록 1-2장이 예루살렘 장면을 말씀하고 있지만, 주로 '갈릴리에서 예루살렘'으로 끝을 맺고 있다. 갈릴리에서 예루살렘에 이르는 복음 전파 과정을 기록하고 있다. 그래서 '예루살렘으로 가는 길'이라고 할 수 있다. 그러나 사도행전은 누가복음이 끝난 점인 '예루살렘에서 시작하

여 로마까지' 하나님 나라 복음의 확장을 기록하고 있다. 그래서 '로마로 가는 길'이라고 할 수 있다. 이렇게 누가 문서의 두 개의 중요한 지리적 축은 '예루살렘과 로마'이다.

4) 하지만 누가복음은 복음서라는 독특성을 가지고 있으며, 사도행전은 역사서(복음사)라는 독특성을 가지고 있다는 점을 간과해서는 안된다. 그렇다면 사도행전을 어떻게 구분할 수 있는가? 크게 몇 가지로 생각해 볼 수 있다.

- 첫째, 인물 중심으로 보는 것이다. 사도행전은 인물 중심으로 보면 크게 두 부분으로 나눌 수 있다. 하나는 베드로를 중심으로 예루살렘 교회, 유대인의 사역을 말씀하고 있다. 1-12장이다. 핵심 단어는 회개하라이다. 다른 하나는 바울 사도를 중심으로 안디옥 교회, 이방인의 사역을 말씀하고 있다. 13-28장이다. 핵심 단어는 믿으라이다.
- 둘째, 주제 중심으로 보는 것이다. 사도행전 1:8에 요약되어 있다. 첫째 부분은 '오직 성령이 너희에게 임하시면 너희가 권능을 받고'(1-2장), 둘째 부분은 '예루살렘'(3장-8:3), 셋째 부분은 '온 유대와 사마리아'(8:4-12장), 넷째 부분은 '땅끝까지 이르러 내 증인이 되리라'(13장-28장)로 구분할 수 있다. 이렇게 사도행전에서는 60번 이상 '성령'이라는 낱말이 기록되었기 때문에 '성령 행전'이라고 부르기도 한다.
- 셋째, 인물과 박해 중심으로 보는 것이다. 사도행전은 베

드로와 요한을 중심으로 예루살렘 안에서 전도 활동을 기록하며, 이어서 스데반과 빌립을 중심으로 온 유대와 사마리아 복음 전도 활동을 기록하며, 그리고 바울과 바나바 등을 중심으로 이방인 지역에 대한 복음 전도 활동을 기록하고 있다. 이것을 통해서 첫째 부분은 사도들의 항목(예루살렘, 행 1:1-8:1), 둘째 부분은 일곱 지도자들의 항목(사마리아 행 8:2-11:18), 셋째 부분은 베드로의 항목(온 유대, 행 11:19-12:24), 넷째 부분은 바울의 항목(땅 끝까지, 행 13:1-28:31)이다.

- 넷째, 요약 문구를 중심으로 보는 것이다. 사도행전에는 '일반적인 요약 문구'가 여섯 개가 나오고 있다(6:7, 9:31, 12:24, 16:5, 19:20, 28:31). 이러한 6개의 요약 문구 중 3개는 베드로와 관련해서, 나머지 3개는 바울과 관련해서 사용되고 있다. 첫째 부분은 사도행전 1:1-6:7이다. 예루살렘 교회와 베드로의 설교가 중심이다. 둘째 부분은 사도행전 6:8-9:31이다. 팔레스타인에서의 교회 확장, 스데반의 설교와 유대 당국자들과의 논쟁이다. 셋째 부분은 사도행전 9:32-12:24이다. 안디옥으로의 교회 확장, 고넬료의 개종과 유대 당국자들과의 논쟁이다. 넷째 부분은 사도행전 12:25-16:5이다. 소아시아로의 교회 확장이다. 다섯째 부분은 사도행전 16:6-19:20이다. 유럽으로의 교회 확장, 고린도와 에베소 등에서의 바울의 선교활동이다. 여섯째 부분은 사

도행전 19:21-28:31이다. 바울의 로마 도착이다.

- 다섯째, 말씀의 성장에 기초로 보는 것이다. 사도행전의 말씀 성장은 누가복음의 그리스도의 성장과 그것에 기초한 기독론적 복음, 또한 기독론에 기초한 신론적 복음인 하나님 나라의 성장을 가리키고 있다. 말씀의 성장에 집중하면서 교회의 수적 성장도 주요 기준으로 제시한다. 이것을 다음과 같이 표현할 수 있다. 제1기 부분은 사도행전 1:1-6:7a이다. 예루살렘으로부터 말씀의 성장과 교회의 수적 성장이다. 제2기 부분은 사도행전 1:7b-12:24이다. 온 유대와 사마리아로부터 말씀의 성장과 교회의 수적 성장이다. 제3기 부분은 사도행전 12:25-19:20이다. 갈라디아로부터 말씀의 성장과 교회의 수적 성장이다. 제4기 부분은 사도행전 19:21-28:31이다. 예루살렘과 땅 끝(로마)에서의 말씀의 성장과 교회의 수적 성장이다.

5) 이러한 놀라운 역사는 성경 전체에 걸쳐서 세 가지 시작이 있음을 주목해 보아야만 한다.

첫째, 창세기 1:1에서 창조의 시작이 있다. 이와 함께 마가복음 1:1에서 복음의 시작이 있다. 둘째, 요한복음 1;1에서 새 창조의 시작 즉 구속의 역사가 시작됨을 말씀해 준다. 셋째, 사도행전 2:1-4에서 또 하나의 새로운 시작 즉 교회의 시작을 보여준다. 사도행전에서 시작된 교회는 오늘도 성령님의 역사하심을 따라 계속 확장해 나가고 있는 것이다.

결론 성경은 크게 두 부분으로 나눈다. 하나는 구약성경이고, 다른 하나는 신약성경이다. 구약성경에 네 기둥들, 네 장르들이 있다. 이와같이 신약성경에서도 네 기둥들, 네 장르들이 있다. 바로 복음서(4), 역사서(1), 서신서(21), 계시록(1)이다.

1) 신약성경의 첫 번째 그룹이 복음서이다. 성경에 복음서라는 말씀은 없다. 그 대신 복음이라는 말씀이 있다. 그렇다면 복음이란 첫째, 예수님께서 하신 말씀이다. 둘째, 예수님에 관해 제자들이 전해준 말씀이다. 셋째, 그 말씀을 문서로 기록해 놓은 복음서이다.

2) 그럼 왜 구전에서 문서로 기록되어진 것인가? 첫째, 예수님의 제자들의 죽음이다. 둘째, 하나님 나라의 지연이다. 셋째, 하나님 나라 확장이다. 구전은 사람마다 얼마든지 달라질 수 있다. 그러나 문서는 변경될 수 없다. 첨가될 수도 없다. 알고 있는 바를 더 확실하게 할 수 있다. 그래서 구전에서 문서로, 즉 복음서를 기록하게 되었다.

3) 신약성경의 두 번째 그룹이 역사서이다. 사도행전이다. 사도행전은 복음서와 서신서의 핵심적, 중심적 역할을 한다. 따라서 사도행전은 복음서와 아주 밀접한 연속성을 가진다. 또한 사도행전은 서신서의 배경적 역할을 한다. 초대 교회의 역사를 이해하는데 도움이 된다. 그러므로 사도행전은

새 이스라엘 즉 교회의 역사를 말씀하고 있다. 복음이 전파되는 역사 즉 복음사이다.

4) 사도행전은 "그들이 모였을 때에 예수께 여쭈어 이르되 주께서 이스라엘 나라를 회복하심이 이때니이까 하니"(행 1:6)로 시작하고 있다. 그러면서 사도행전 마지막은 로마에서 "바울이 온 이태를…하나님 나라를 전파하며 주 예수 그리스도께 관한 모든 것을 담대하게 거침없이 가르치더라"(28:31)로 끝을 맺고 있다. 하나님의 나라로 시작해서 하나님의 나라로 끝을 맺고 있다. 그것도 예수 그리스도로 말미암아 시작한 하나님의 나라가 이제 예수 그리스도의 제자들 즉 사도들을 통해서 하나님의 나라가 시작하여 하나님의 나라를 전파하고, 증인이 되고 있다. 그것도 예루살렘과 온 유대와 사마리아와 땅끝까지 증인이 되고 있다(행 1:8). 천상의 예수 그리스도께서, 만왕의 왕으로서, 만유의 주로서, 온 세상을 다스리는 통치자로서 성령을 통해서 사도들 즉 제자들을 통해서 하나님의 나라를 확장시켜 가는 것을 말씀하고 있다. 이것을 도표로 보면 다음과 같다.

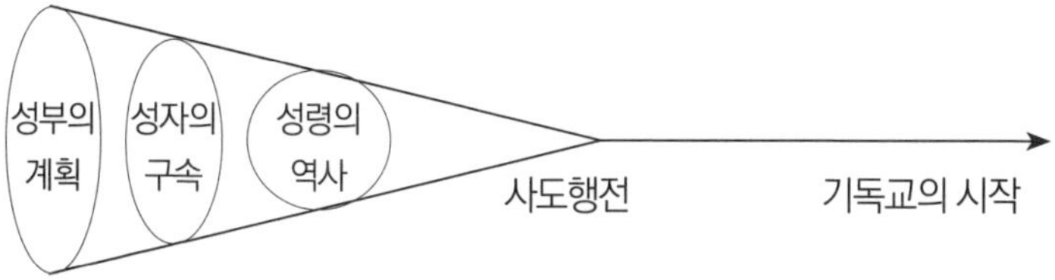

옛적에 선지자들을 통하여 여러 부분과 여러 모양으로 우리 조상들에게
말씀하신 하나님이

In the past God spoke to our forefathers through the prophets at many times
and in various ways

히브리서 1:1

14

신약성경의 서신서

14 | 신약성경의 서신서

성경의 이해 : 로마서 1:1-2, 히브리서 1:1-3

서론 성경은 크게 두 부분으로 나눈다. 하나는 구약성경이고, 다른 하나는 신약성경이다. 구약성경 39권은 크게 네 기둥들, 네 장르들로 되어 있다. 이와같이 신약성경 27권도 크게 네 기둥들, 네 장르들로 되어 있다. 4+4의 구조를 가지고 있다.

1) 신약성경의 첫 번째 그룹이 복음서이다. 복음서가 처음부터 문서로 기록된 것이 아니다.

처음에는 구전으로 증거되다가 나중에 문서로 기록된 것이 복음서이다. 그래서 누가복음 1:1-4에서는 알고 있는 바를 더 확실하게 하려고 누가복음을 기록했다고 했다. 또한 요한복음 20:31에서는 하나는 신앙의 목적, 전도와 선교적 목적으로 기록했고, 또 다른 하나는 양육의 목적, 교육과 목회적 목적으로 기록했다는 것이다.

2) 신약성경의 두 번째 그룹이 역사서이다. 사도행전이다.

사도행전은 복음서와 서신서를 연결해 주는 다리 역할을 한다. 사도행전은 복음서와 아주 밀접한 연속성을 가지고 있고, 또한 서신서의 배경적 역할을 하고 있다. 따라서 사도행전은 새 이스라엘의 역사, 즉 교회의 역사를 말씀하고 있다. 복음이 전파되는 역사, 즉 복음사이다. 이러한 사도행전은 하나님의 나라로 시작해서 하나님의 나라로 끝을 맺고 있다. 그것도 예수 그리스도로 말미암아 시작한 하나님의 나라가 이제 천상의 예수 그리스도께서 그의 제자들 즉 사도들을 통해서 하나님의 나라를 전파하고, 하나님의 나라를 확장하고 있다.

3) 사도행전의 아주 특별한 의도가 있다.

예를 들면 구약의 창세기가 요셉의 죽음으로 끝을 맺고, 구약의 율법서 끝인 신명기가 모세의 죽음으로 끝을 맺고 있다. 여호수아서가 여호수아의 죽음으로 끝을 맺고, 구약의 마지막 말라기가 저주로 끝을 맺는다. 하지만 신약의 역사서인 사도행전은 바울의 죽음을 말씀하지 않고, 바울의 하나님의 나라 전파, 복음 전파를 말씀하고 있다. 따라서 복음의 전파는 생명의 전파이다. 그래서 구약성경과 다르게 죽음을 말씀하지 않고 있다. 죽음보다 생명의 말씀이 계속 전파되어 간다. 그것도 모든 시대, 모든 하나님의 백성들에게 바울의 하나님 나라 전파는 지속되어야 한다는 것이다. 비록 바울은 죽었지만, 바울의 하나님 나라 전파,

선교는 지금도 계속되고 있고, 앞으로도 계속되어야 한다는 것이다.

4) 신약성경의 세 번째 그룹이 서신서이다. 서신서는 로마서에서부터 유다서까지 총 21권이다.

1. 서신서의 이해

1) '서신'이란 기록된 형태로 된 교훈이다. 서신은 구두로 하는 교훈을 대신하려는 데 있었다. 거리 관계상 편지를 쓰지 않을 수 없었다. 이렇게 복음의 목격자들이 거의 다 세상을 떠날 때쯤인 A.D. 60년경 복음이 문서화되고 있었다. 이때까지 복음이 문서화되지 않은 것은 우선 목격자들이 살아서 복음을 전하고 있었기 때문이다. 목격자들에서 복음을 듣는 것이 더 생생하고 더 효과적인 방법이었다.

2) 그러나 목격자들이 거의 세상을 떠나고 마지막 몇 명밖에 남지 않은 상황에서 사도들은 시급히 복음서를 기록하여 살아 있는 동안에 복음의 원형을 고정시키려고 했다. 구전을 통해 복음이 최초의 목격자에게 그들의 제자들에게 제3, 4대로 계속 전파되어가면서 복음의 변화는 피할 수 없는 결과를 맞이하게 되었다. 또한 교회가 점점 증가하면서 목격

자들의 복음 전파의 수요를 직접 다 감당하는 것이 불가능했다. 늘어나는 이단과 적대자들을 대항할 효과적인 변증이 필요했다. 이러한 관계에서 복음의 순수성을 지킬 수 있는 기준이 필요했다.

3) 신약성경의 역사서인 사도행전이 교회의 역사를 보여 주고 있다면, 서신서는 복음을 바탕으로 세워진 교회(개인, 공동체로서의 교회)가 이 세상 속에서 어떤 모습을 드러내야 하는가에 관한 위대한 진리와 교훈을 개인과 교회(공동체)에 보낸 편지들을 통해서 보여주고 있다. 서신서는 한마디로 예수 그리스도의 복음을 선포하고 복음에 합당한 삶을 가르치는 편지들이다. 그래서 서신서들을 이해하려면 제일 먼저 복음이 무엇인가를 알아야 한다. 복음이란 무엇인가에 대한 전체적인 이해가 있어야 복음서, 사도행전, 서신서, 요한계시록 등을 이해할 수 있는 것이다. 사도행전은 복음사이다. 복음의 역사이다. 교회의 역사이다. 이제 서신서는 복음으로 세워진 교회, 그 교회에서 어떻게 복음에 합당한 삶을 살아야 할까를 가르치는 말씀이다. 그러니 서신서는 복음서와 사도행전, 그리고 요한계시록을 연결하는 교량 역할을 하고 있다.

4) 서신서는 복음의 원형인 예수 그리스도의 복음을 선포하고, 복음에 합당한 삶을 가르치는 편지들이다. 즉 복음의 내용이 무엇이냐는 것이다. 그리고 그것으로 끝나지 않고 그

복음을 어떻게 적용하면서 살아야 하느냐는 것이다. 복음에 합당한 삶이 무엇이냐는 것이다. 그래서 로마서는 복음을 말씀하고 있다. 그리고 그 복음에 합당한 삶을 말씀하고 있다(롬 1:2-4, 12:1, 16:25-27). 따라서 사도적 복음을 선포하는 양식들은 크게 몇 가지가 있다.

- 첫째, 기독론적 선포이다.
- 둘째, 구원론적 복음 선포이다.
- 셋째, 구원의 종말론적 구조이다.
- 넷째, 경고와 달램의 교차 구조이다.

5) 이렇게 복음 선포와 함께 윤리적 요구가 있다. 즉 구원 사건에 대한 서술(indicative)과 그것에 근거한 윤리적 명령(imperative)이 있다. 바울 서신의 구조가 거의 다 이렇게 되어 있다. '그러므로'(갈 5:1, 엡 4:1, 빌 4:1, 골 3:1, 살전 4:1, 살후 2:15 등), 혹은 '그러므로 형제들아'라고 하면서 교회 즉 하나님의 백성들이 어떠한 삶을 살아야만 하는가를 적용시켜 주고 있다(롬 12:1, 빌 1:27, 딤전 6:12, 벧후 3:11-12 등).

6) 신약성경의 서신서는 다음과 같은 기본적 형식을 가지고 있다. 첫째는 서두이다. 발신자의 이름과 더불어 수신자의 이름, 문안 인사이다. 둘째는 감사 혹은 축복의 말이다. 셋째는 교리적인 교훈이다. 넷째는 윤리적인 교훈이다. 다섯째는 결말이다. 문안 인사와 마지막 축도이다. 이렇게 서신서

는 인사로 시작하여 인사로 끝을 맺는다.

2. 서신서의 구분

1) 신약성경의 21권의 서신서는 크게 두 부분으로 구분할 수 있다. 바울을 중심으로 한 바울서신이다(로마서에서 빌레몬서이다. 13권이다). 다른 하나는 일반서신이다(히브리서에서 유다서이다. 8권이다).

2) 서신서 중에서 제일 먼저 나오는 것이 로마서이다. 그러나 로마서가 제일 먼저 기록된 것은 아니다. 제일 먼저 기록된 것은 내용으로 볼 때 데살로니가전후서로 보인다. 그러면 왜 로마서가 제일 앞에 나오는가? 그것은 로마서가 제일 길기 때문이다. 마치 구약의 선지서처럼 부피에 따라 순서를 결정했던 것이다. 서신서들의 길이, 연대, 내용을 고려하여 지금의 순서대로 정경적 배열이 되었다. 그 중에 비 바울서신들이 권위 있는 정경으로 인정받기까지는 시간이 걸렸음을 시사해주고 있다. 하지만 이러한 정경적 배열 가운데 성령의 놀라운 역사도 함께 있다는 사실을 명심해야 한다.

3) 먼저 바울 서신은 다시 크게 두 분류로 나눌 수 있다. 하나는 교회를 위한 서신이다. 교회를 위한 서신은 로마서부터 데살로니가전후서까지이다. 다른 하나는 개인을 위한 서신

이다. 디모데전후서에서 빌레몬서까지이다. 이렇게 바울 서신 중 로마서에서 데살로니가 전후서까지 9권은 교회에 보내어진 서신으로 수신자들의 믿음에 도전을 주고, 새로운 진리와 가르침을 전해 주고, 잘못을 바로 잡고, 문제를 해결하며, 악행과 거짓 교사들에 대해 경고하기 위해서 각 교회들에게 보내졌다(고린도전서, 골로새서 등). 또한 바울 서신 중 디모데전후서에서 빌레몬서까지 4권은 개인적인 서신으로 수신자들의 믿음과 사역을 격려하기 위해 기록되었다(디모데 전후서, 디도서, 빌레몬서). 요컨대 바울의 편지들은 개인 또한 교회의 공동체적인 삶을 위한 교리와 실제적인 적용에 있어서 균형을 이루고 있다고 할 수 있다.

4) 이러한 바울 서신을 다시 교리적으로 나누어 보면 다음과 같다. 첫째, 종말론적 서신은 데살로니가 전후서이다. 둘째, 구원론적 서신은 고린도전후서, 갈라디아서, 로마서이다. 셋째, 기독론적 서신은 빌레몬서, 골로새서, 에베소서, 빌립보서이다. 이것은 바울이 옥에 갇혀 있을 때 쓰여졌기 때문에 옥중서신이라고 한다. 넷째, 교회론적 서신은 디모데전후서. 디도서이다. 이것은 사도 바울이 쓴 마지막 편지들로서 목회에 필요한 교회의 조직과 행정에 관한 기록을 자세하게 나타내고 있어 목회서신이라고 한다.

5) 그 다음 일반서신이다. 비 바울서신이다. 일반서신은 바울서신과 같이 수신자가 특정 지역의 개인이나 교회를 대상으

로 하여 씌여진 것이 아니라, 수신자가 흩어진 하나님의 백성들에게 주어진 보편적이고, 일반적인 서신이기 때문에 붙여진 이름이다. 바울서신들의 제목은 수신자의 이름을 따른 반면, 비 바울 서신들은 기록자의 이름을 따랐다. 물론 여기에 히브리서는 예외이다. 또한 일반서신은 또 다른 관점에서 기독교 진리의 풍성함을 보여주기 때문에 바울서신서 13권과 잘 보완한다고 볼 수 있다. 일반서신은 기록자들마다 독특한 관점을 가지고 다양하게 기여하고 있다. 복음서가 예수님의 생애를 네 가지 다른 관점에서 접근했던 것처럼, 일반서신 기록자들은 일부보다는 완전한 전체가 더 좋다는 관점에서 그리스도인들의 삶을 광범위하게 그려 보이고 있다.

6) 일반서신 중 히브리서를 제외하고 나머지를 공동서신이라고 한다. 공동서신은 야고보서, 베드로전후서, 요한일서, 이서, 삼서, 유다서를 함께 부르는 명칭이다. 그 의미는 모든 교회에 보내는 편지라는 뜻이다. 공동서신들은 특정한 개인이나 교회가 아니라 대개 일반적인 신자 전체를 대상으로 한다는 것이다. 대개라고 한 것은 요한이서와 요한삼서 때문이다. 비록 요한이서, 요한삼서 그리고 베드로전서가 특별한 수신자를 가지고 있지만, 공동서신에 포함시켰다. 요한이서의 수신자는 선택받은 여성과 그 자녀들이다. 요한삼서의 수신자는 가이오라는 한 개인에게 보낸 서신이다. 하

지만 요한이서와 요한삼서가 공동서신에 포함된 것은 아마도 요한일서와 밀접하게 연관되어 있기 때문이다.

7) 그럼 공동서신은 어떻게 정경적 배열이 이루어졌는가? 갈라디아서 2:9에 보면 '또 기둥 같이 여기는 야보고와 게바와 요한도 내게 주신 은혜를 알므로......'라고 하고 있다. 아마도 이 순서인 것 같다. 사도행전 15장의 야고보가 말을 하고 난 후 베드로가 발언을 하면서 예루살렘 회의의 문제가 종결되고 있다(행 15:13). 그래서 야고보(예수님의 형제)-베드로(예수님의 제자)-요한(예수님의 제자)-유다(예수님의 형제)로 구성된 것 같다.

8) 히브리서는 정경적 배열에 따라 보면 바울서신(13)과 공동서신(7) 중심에 히브리서가 있다. 히브리서는 바울서신과 공동서신을 이어주는 다리 역할을 하고 있다. 어쩌면 바울서신의 결론적 역할을 한다고 할 수 있다. 또 다른 한편으로는 공동서신의 서론적 역할을 한다고 할 수 있다. 그래서 히브리서는 신약의 감추어진 두 개의 보석 중 하나라고 할 수 있다. 다른 하나는 야고보서이다. 이러한 히브리서는 발신자 즉 기록자가 누구인지 알 수 없으니, 바울 서신에 속하지 않는다. 그래서 비 바울 서신인 일반서신에 속한다.

또한 히브리서는 일반서신에 속하지만, 수신자가 누구인지도 정확하게 알 수 없다. 그냥 히브리인들에게 보내는 편지이다. 그러므로 히브리서는 서신이지만, 권면의 말이다(히

13:22). 설교문처럼 느껴지고 있다. 히브리서는 히브리인들에게 어떠한 유혹과 핍박에도 예수 그리스도에 대한 신앙을 굳게 지키도록 권면하고 있다. 그 이유는 예수 그리스도는 선지자보다, 천사보다, 모세보다, 여호수아보다, 아론의 대제사장보다 훨씬 더 탁월하고, 뛰어나기 때문이다. 멜기세덱 반차를 따른 영원한 대제사장이 되기 때문이다(히 3:1, 12:1-2).

결론 구약성경은 네 기둥들로 구성되어 있다. 구약성경에서 율법서와 역사서는 이스라엘을 위한 하나님의 구원의 행위를 말씀하고 있다. 또한 선지서는 이스라엘을 위한 하나님의 말씀의 예언을 말씀하고 있다. 한마디로 위에서 아래로 내려오고 있다. 하나님의 편에서 이스라엘에게로 향한 말씀을 전달하고 있다. 하지만 구약성경 율법서 5권과 역사서 12권으로 총 17권이다. 그리고 선지서가 대선지서 5권과 소선지서 12권으로 총 17권이다. 그 중심에 시가서가 5권이다. 17+5+17로 구성되어 있다. 이러한 시가서는 하나님의 행위와 말씀에 대한 이스라엘의 응답이다. 한마디로 아래에서 위로이다. 인간 편에서 하나님께 대한 또한 하나님이 하신 일과 말씀에 대한 인간의 반응을 말씀하고 있다. 하나님의 은혜에 대한 인간의 반응, 의무, 책임감으로 순종을 말씀하고 있다. 이것을 도표로 그려보면 다음과 같다.

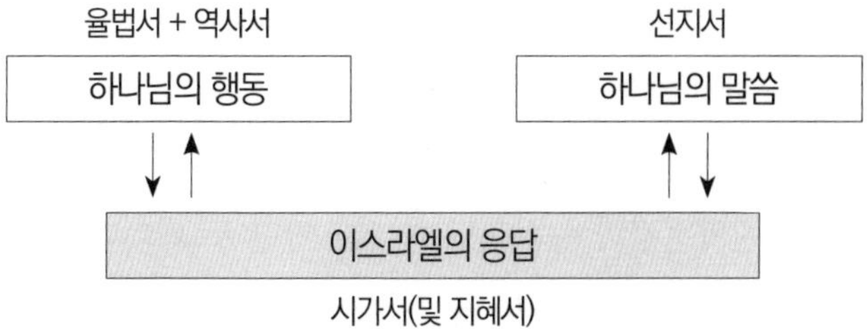

1) 이와같이 신약성경도 네 기둥들로 되어 있다. 복음서(4), 역사서-사도행전(1), 서신서(21), 선지서-요한계시록(1)으로 구성되어 있다. 그 중에 복음서와 역사서는 복음을 통한 하나님 나라 성취와 확장을 말씀하고 있다. 그리고 요한계시록은 하나님 나라의 완성을 말씀하고 있다. 이 두 가지는 위로부터 아래를 향하고 있다. 이에 반해 서신서는 하나님의 백성들의 신앙과 삶이 어떠해야 하는지를 말씀하고 있다. 이 복음에 대한 반응으로 아래로부터 위로 올라가는 응답이다. 이를 도식화하면 다음과 같다.

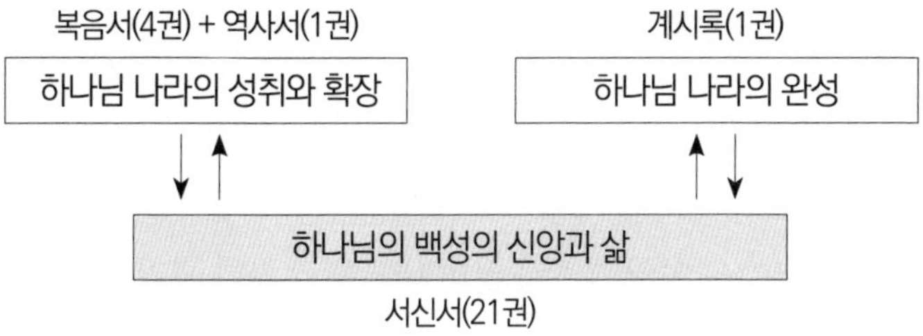

2) 따라서 구약성경의 중심축은 하나가 아닌 두 가지이다. 하나는 '하나님의 계시'(Revelation)이고, 또 다른 하나는 '인간의 신앙고백적 응답'(Response)이다. 믿음과 순종이다. 이와 같이 신약성경의 중심축도 하나가 아닌 두 개이다. 하나는 '하나님 나라의 복음'이고, 또 다른 하나는 '하나님의 백성의 신앙'이다.

3) 서신서는 신약성경의 복음서(4), 역사서(1) 다음 세 번째 그룹이다. 서신서(21)는 역사서인 사도행전(1)과 선지서인 요한계시록(1)의 중간 다리 역할을 한다. 로마서에서부터 유다서까지 총 21권이다. 신약성경 27권 가운데 21권을 차지하고 있다.

4) 서신서는 하나님 백성이 된 사람들의 신앙과 삶을 잘 정리하고 있다. 십자가에 달려 죽으시고 부활하신 예수님, 지금 하나님 보좌 우편에서 우리를 다스리시며 다시 오셔서 하나님 나라를 완성하실 예수님을 믿는 이들의 모임이 교회이다. 이 교회가 어떻게 예수님의 십자가 복음을 올바르게 믿고, 자신들의 문화 속에서 그 믿음대로 올바르게 살아갈 것인가를 서신서가 기록하고 있다. 따라서 하나님의 백성이 된 그리스도인의 신앙과 삶의 내용을 정확히 정리하여 전달해 주고 있다. 이와 같이 서신서는 복음에 합당한 삶을 강조하고 있다. 이것을 도표로 정리하면 다음과 같다.

<table>
<tr><th colspan="2">바울서신</th><th>히브리서</th><th colspan="2">공동서신(야고보서-유다서)</th></tr>
<tr><td colspan="3">수신자 명으로 제목이 정해짐</td><td colspan="2">발신자 명으로 제목이
정해짐</td></tr>
<tr><td>수신자</td><td>교회 - 9권
(로마서-데살로니가후서)
개인 - 4권
(디모데전서-빌레몬서)</td><td>수신자</td><td>발신자</td><td>야고보서
베드로전후서
요한일서, 이서,
삼서, 유다서</td></tr>
</table>

5) 또한 서신서를 구분하면 다음과 같다.

서신서 : 하나님 나라 백성의 신앙과 삶	
바울서신(로마서-빌레몬서)	바울이 가르친 교리와 생활윤리
일반서신(히브리서-유다서)	여러 사도들의 신앙에 대한 교훈

예수 그리스도의 계시라. 이는 하나님이 그에게 주사 반드시 속히 일어날 일들을 그 종들에게 보이시려고 그의 천사를 그 종 요한에게 보내어 알게 하신 것이라.

The revelation of Jesus Christ, which God gave him to show his servants what must soon take place. He made it known by sending his angel to his servant John,

요한계시록 1:1

15 | 신약성경의 요한계시록

15 | 신약성경의 요한계시록

성경의 이해 : 요한계시록 1:1-3, 22:20-21

서론 성경은 크게 두 부분으로 나눈다. 하나는 구약성경이고, 다른 하나는 신약성경이다. 구약성경의 39권과 신약성경의 27권은 서로 4+4의 구조로 구성되어 있다. 서로 짝을 맞추고 있다. 구약성경은 크게 네 기둥, 네 장르, 네 중심으로 구성되어 있다. 그것은 바로 율법서(5)와 역사서(12), 그리고 시가서(5), 선지서(17)로 구성되어 있다. 신약성경도 크게 네 기둥, 네 장르, 네 중심으로 구성되어 있다. 그것은 바로 복음서(4)와 역사서인 사도행전(1), 그리고 서신서(21), 선지서인 요한계시록(1)으로 구성되어 있다.

1) 이러한 성경을 자세히 보면, 구약성경의 첫 번째 부분 율법서 5권과 신약의 첫 번째 부분 복음서 4권은 서로 연결되어 있다.

율법의 시작과 복음의 시작으로 서로 연결되어 있다. 복음은 율법의 완성이다. 율법 속에 계시된 그리스도와 복음에 계시된 그리스도를 말씀하고 있다.

2) 구약성경의 두 번째 부분인 역사서(12권)와 신약성경의 두 번째 부분인 역사서(1권)가 서로 연결되어 있다.

이스라엘의 역사와 새 이스라엘 즉 교회의 역사로 서로 대칭을 이루고 있다. 이스라엘의 역사와 초대교회의 역사를 말씀하고 있다. 옛 사람과 새 사람이다. 역사 속에 계시된 그리스도와 교회 속에 계신 그리스도를 말씀하고 있다.

3) 구약성경의 세 번째 부분인 시가서(5권)와 신약성경의 세 번째 부분인 서신서(21권)가 서로 연결되어 있다.

하나님의 백성들의 삶의 중요한 원리와 교회 신앙의 삶의 중요한 원리로 서로 대칭을 이루고 있다. 시가서 속에 계신 그리스도와 교회 생활 속에 계신 그리스도를 말씀하고 있다.

4) 마지막으로 구약성경의 네 번째 부분인 선지서(17권)와 신약성경의 네 번째 부분인 계시록 혹은 묵시록(1권)이 서로 연결되어 있다.

하나님의 백성들이 가져야 할 비전과 교회가 가져야 할 비전에 대해서 말씀하고 있다. 예언 속에 계신 그리스도와 묵시 속에 계신 그리스도를 말씀하고 있다.

5) 신약성경의 첫 번째 그룹은 복음서이다.

복음서는 구약성경과 신약성경을 연결해 주고 있다. 복음서는 예수 그리스도를 통한 복음의 시작, 하나님 나라의 성취를 말씀하고 있다. 한마디로 예수 그리스도의 지상 사역을 말씀하고 있다. 왕이시면서, 종이시면서, 인간이시면서, 하나님이신이신 예수 그리스도의 공생애 사역에 대해서 말씀하고 있다. 승천하시기 직전까지 예수님 자신이 직접 사역을 하심을 말씀하고 있다.

6) 신약성경의 두 번째 그룹은 역사서이다.

사도행전이다. 사도행전은 지상의 예수 그리스도에서 이제 천상의 예수 그리스도께서 만왕의 왕으로서, 만유의 주로서, 온 세상을 다르시는 통치자로 성령을 통해서 사도들, 즉 제자들을 통해서 하나님의 나라를 확장시키는 것을 말씀하고 있다. 그 당시 땅끝인 로마까지 하나님 복음이 전파되는 것을 말씀하고 있다. 그러면서 사도행전은 바울의 죽음을 예견하면서도 바울의 죽음을 말씀하지 않고, 오히려 바울이 복음을 전파하는 미완성으로 끝을 맺고 있다(행 28:30-31). 그것은 비록 바울은 죽었지만, 바울의 하나님 나라 증인, 전파, 선교는 지금도 계속 되어야 하고, 주 예수 그리스도께서 다시 오실 때까지 앞으로도 계속되어야 한다는 것이다. 이것이 하나님 교회의 사명이요, 책임이요, 의무이다. 그래서 사도행전은 성령행전이다. 또한 말씀행전이다.

7) 신약성경의 세 번째 그룹은 서신서이다.

서신서는 역사서인 사도행전(1)과 선지서인 요한계시록(1)을 연결해주는 다리 역할을 한다. 서신서는 사도행전을 통해 하나님의 나라가 확장되면서 하나님의 교회가 곳곳에 세워지게 되었다. 그 세워진 교회와 개인에게 원형적 복음을 분명하게 할 필요성을 갖게 되었다. 지금까지는 구두로만 복음을 전파했지만, 사도들이 하나 둘씩 죽어가고, 하나님의 나라는 속히 오지 않고 지연되고, 기독교는 곳곳으로 확장되어 가다보니, 이제 서신을 통한 복음이 변질되지 않도록 해야 할 의무감과 책임감이 생겨나게 되었다. 그래서 서신을 통해서 교회와 개인에게 복음의 교훈을 전달하여 복음에 합당한 생활을 하도록 해야 했던 것이다. 그래서 서신서의 특징은 교리와 윤리, 진리와 생활, 이론과 실천이 균형 잡힌 올바른 신앙생활을 강조하고 있다.

8) 신약성경의 네 번째 그룹이 요한계시록이다.

1. 선지서의 이해, 요한계시록의 이해

1) 요한계시록은 요한 문헌, 요한 문서, 요한 신학에 속한다. 요한 문서는 요한이라는 요한복음, 요한서신, 요한계시록을 일컬어 하는 말이다. 요한복음과 요한서신과 요한계시록은

서로 상호보완 작용을 하고 있다.

2) 먼저 요한복음은 "어떻게 예수 그리스도를 믿어야 하는 것인가?"에 대해 말씀하고 있다. 예수 그리스도가 하나님의 아들이시고, 구세주이시며, 예수님 안에 생명이 있기 때문에 예수님을 믿음으로 말미암아 구원에 이른다는 것을 알게 해 준다. 요한복음에서는 "우리가 예수 그리스도를 어떻게 믿을 것인가"하는 것에 관심을 가지고 있다(요 20:31). 즉 구원의 문제를 집중적으로 다루고 있다. 즉 하나님의 자녀가 되는 길, 방법에 대해서 말씀하고 있다. 예수 그리스도를 믿는 믿음에 대해 강조하고 있다. 그래서 요한복음은 예수 그리스도의 생애를 영적인 관점에서 독특하게 말씀하고 있다.

3) 그 다음 요한복음과 요한계시록 그 중간에 있는 요한서신은 무엇을 말씀하고 있는가? 요한서신은 하나님의 자녀들이 어떻게 생활해야 하는지 말씀하고 있다(요일 5:13). 진정한 하나님의 자녀들의 삶이란 어떤 것인지 말씀하고 있다. 하나님의 자녀들의 확신에 찬 삶에 대해서 말씀하고 있다. 한마디로 예수 그리스도 안에 거하는 생활을 해야 한다는 것이다. 그것은 바로 하나님은 빛이시다(1:5), 하나님은 사랑이시다(4:8)는 것이다. 따라서 하나님의 자녀는 죄를 멀리하고, 형제를 사랑하고, 계명에 순종하는 생활을 해야 한다는 것이다. 그래서 요한서신은 요한복음과 요한계시록 이 둘 사이의 다리 역할을 하는 것이다. 그러니까 요한서신은 요

한복음에서 말씀하는 구원의 문제에서 한 단계 더 나아가서 성화의 문제를 다루고 있다. 확신을 말씀하고 있다.

4) 그러면 이제 요한계시록은 무엇을 말씀하고 있는가? 요한계시록은 하나님의 자녀들이 가져야 할 소망, 비전, 영광에 대해서 말씀하고 있다. 하늘 보좌에 앉으신 예수 그리스도와 함께 우리도 영원히 그 보좌에 앉을 자라는 사실을 말씀하고 있다. 이 땅에 믿음으로 승리한 자들이 누릴 복에 대해서 말씀하고 있다. 그러니까 요한계시록은 영화의 문제를 다루고 있다. 그러면서 요한계시록은 "우리 예수 그리스도를 믿는 이들의 종말이 어떠한 것인가?"를 말씀하고 있다. 즉 하나님의 나라가 완성될 때 하나님의 교회가 누리게 될 영광에 대해서 말씀하고 있다(계 21:7).

5) 요한계시록은 예언된 사건들에만 초점을 맞추고 있는 유일한 신약성경이다. 구약성경에는 선지서 즉 예언서가 17권이지만, 신약성경에는 선지서 즉 예언서인 요한계시록은 1권이다. 단 한 권으로 충분하다. 왜냐하면 구약의 예언은 여러 시대, 여러 사람들을 통해서 말씀하셔야 했기 때문이다. 다양한 사람에게 다양한 메시지를 말씀해야 했기 때문이다. 그러나 요한계시록은 다르다. 하나의 우주적 교회, 보편적 교회 즉 공동체에게 하나로 말씀하면 되기 때문이다. 더 이상 다른 것이 필요 없다. 단 하나의 메시지만, 한 사건만, 하나의 진리만을 말씀하시면 되기 때문이다.

6) 이렇게 요한계시록은 세 가지 형태의 문학 유형이 결합되어 있다. 그래서 요한계시록이 신약성경 가운데서 가장 이해하기 어려운 것이다. 요한계시록의 성격을 올바로 이해하기 어렵기 때문이다. 그 세 가지 형태를 보면 다음과 같다.

- 첫째, 요한계시록은 계시 혹은 묵시(ajpokavluyi")이다(1:1).
- 둘째, 요한계시록은 예언의 말씀 즉 선지서이다(1:3).
- 셋째, 요한계시록은 편지 혹은 서신이다(1:4-5).

2. 선지서의 구분, 요한계시록의 구분

1) 요한계시록의 구분을 파악하기란 어렵다. 단순한 구조로 되어 있지 않기 때문이다. 따라서 요한계시록에는 다양한 구조를 말씀하고 있다.

- 첫째, 연대기적 구분이다. 요한계시록 1:19에 근거하여 삼분하여 연대기적으로 분석한다.
- 둘째, 이분법적 구분이다. 요한계시록은 12:1(혹은 11:15)에서 전반부가 끝이 나고, 후반부의 새로운 구분이 시작되는 것으로 분석한다.
- 셋째, 수사학적 구분이다. 요한계시록에는 몇 가지 주제가 반복적으로 나타난다는 것이다. 따라서 요한계시록에는 일곱 반복(7cycles)이 있다는 것이다.

- cycles 1 하늘 환상과 일곱인(4:1-8:1)이다.
- cycles 2 일곱 나팔(8:2-11:19)이다.
- cycles 3 상징적인 인물들과 추수(12:1-14:20)이다.
- cycles 4 일곱 대접(15:1-16:21)이다.
- cycles 5. 바벨론에 대한 심판(17:1-19:10)이다.
- cycles 6 흰말 탄 이의 심판(19:11-21)이다.
- cycles 7 크고 흰 보좌 심판(20:1-21:8)이다.
- cycles 8 절정의 장면(21:9-22:5)이다.

- 넷째, 교차대칭 구분이다. 요한계시록은 11-12장을 중심으로 교차대칭을 이루고 있으며, 또한 서로 병행석 관계를 이루고 있다.

- A 서론 : 묵시, 서신, 예언(1:1-3, 4-8, 9-20)
- B 환상 : 땅의 성도들(2-3장)
-   C 심판을 위한 하늘의 산헤드린과 보좌(4-5장)
-    D 일곱 인들(6:1-8:1)
-     E 일곱 나팔들(8:2-9:21)
-      F 신의 현현 : 바다와 땅으로 주님의 사자가 내려감(10장)
-       G 땅에 있는 성도들을 향한 전쟁(11장)
-       G' 하늘에 있는 용들을 향한 전쟁(12장)

- F' 반-신의 현현 : 바다와 땅으로부터 사단의 사자가 올라옴(13장)
- E' 일곱 선포들의 셀 수 없는 연속(14장)
- D' 일곱 대접들(15-16장)
- C' 심판을 위한 하늘의 산헤드린과 메시아적 통치(17-20장, 참고 20:4-15)
- B' 환상 : 하늘의 성도들(21:-22:5)
- A' 결론 : 묵시, 서신, 예언(22:6-9, 10:20, 21)

- 다섯째, 문학적 구분이다. 요한계시록이 편지 형식을 지닌 묵시라는 것이다. 언어적 표시에 의한 구분으로 '성령 안에서'(ἐν πνεύματι)와 '나는 보았다'(εἶδον) '성령 안에서'(ἐν πνεύματι)라는 문구가 가장 중요한 부분에 등장한다는 것이다(1:10, 4:2, 17:3, 21:10). 첫 번째는 1-3장의 초두에, 두 번째는 4-16의 초두에 ,세 번째는 17:1-19:10(19:11-21:8)의 초두에, 그리고 21:9-22의 초두에 등장한다. 이 네 부분이 요한계시록을 구성하고 있는 가장 중심적인 큰 덩어리라는 것이다. 그리고 '나는 보았다'(εἶδον)라는 표현은 약 40회 나타나는데, 새로운 환상이나 환상의 다른 국면을 소개할 때 사용되고 있다. 이것을 간략하게 정리하면 다음과 같이 나눌 수 있다.

- 1:1-8 프롤로그(Prologue)
- 1:10 (ἐν πνεύματι) 1:9-3:22
  1) 1:9-20 부활하신 예수 그리스도에 대한 환상
  2) 2-3장 부활하신 예수님께서 일곱 교회에서 주시는 일곱 메시지
- 4:2 (ἐν πνεύματι) 4-16장
  1) 4-5장 하늘 환상(6-16장에 대한 기초를 마련)
  2) 6-16장 세상에 대한 심판과 교회의 구속
- 17:3 (ἐν πνεύματι) 17:1-19:10 바벨론의 멸망

19:11-20:15 두 짐승과 용의 멸망과 최후의 심판

19:11-21:8

21:1-8 새 창조와 새 예루살렘

- 21:10 (ἐν πνεύματι) 21:9-22:9 새 예루살렘의 영광
- 22:6-21 에필로그(Epilogue)

2) 이와같이 요한계시록은 에필로그와 프롤로그를 제외하고 크게 세 부분으로 나누어질 수 있다. 서론(1:9-3:22), 본론(4-16장), 결론(17:1-19:10과 21:9-22:9)이다. 서론과 결론은 다시 프플로그(1:1-8)와 에필로그(22:6-21)로 나누어질 수 있다. 프롤로그와 에필로그는 그 시작 부분에 있어서 언어

적으로 병행되고 있다(1:1-3과 22:6-9). 병행되는 언어로는 종, 요한, 천사, '예언의 말씀을 지키는 자는 복이 있으리라' 이것은 요한계시록 전체가 하나의 단위로 구성되어 있음을 말해 주고 있다. 그리고 또한 이러한 관계로 인하여 22:6-9은 결론의 마지막 부분에 속하기도 하지만 에필로그의 시작 부분에 해당되기도 한다. 여기에서 예언의 말씀은 계시록의 일부가 아니라 전체를 가리키고 있다. 프롤로그와 에필로그는 각각 요한계시록을 소개하는 내용과 마무리하는 내용으로 구성되어 있다.

3) 이렇게 요한계시록은 크게 세 부분으로 나눌 수 있다. 서론부와 본론부와 결론부이다. 프롤로그와 에필로그를 제외하고, 이 부분을 다시 정리하면 다음과 같다.

- 서론(1:9-3:22)은 다시 1:9-20과 2-3장으로 나누어진다. 이 둘의 관계는 전자에서 소개된 그리스도는 후자에서 일곱 교회를 향해 말씀하시는 분으로 연결된다.
- 본론(4-16장)은 세 개의 일곱 심판 시리즈가 있고 일곱 대접 시리즈에서 절정을 이룬다. 그리고 세 개의 일곱 심판 시리즈와 함께 여섯 번째와 일곱 번째 사이에 삽입들이 주어지는데, 이는 심판 메시지 가운데 교회의 모습을 소개한다. 일곱 대접을 가진 천사들 중 일부가 17:1과 22:9에 등장한다. 그렇다면 17:1 이하와 21:9이하는 6-16에서 심판의 메시지의 계속이라 할 수 있다.

삽입은 다음과 같은 내용과 기능을 가진다. 144,000(7:1-8)과 셀수 없는 무리(7;9-17)는 여섯 번째 인과 일곱 번째 인 사이에 존재한다. 두 증인 이야기(10:1-11-13)는 9:20-21(회개하지 않음)- 10:1-11(두 증인의 사역) - 11:13 (회개가 일어남) 여기에서 삽입의 기능은 교회의 선지적 선포에 의해 회개하지 않은 자들로 하여금 두렵게 하며 하나님께 영광 돌리게 하며 이 땅에 하나님의 나라를 도래케 하는 역사를 일으키고 있다. 용에게 쫓기는 여인(12장)과 교회 공동체와 적대적 관계에 있는 두 짐승(13장)과 하늘의 성전에 존재하는 144,000(14:1-5)이 있다.

- 결론(17:1-19:10과 21:9-22:9)은 서로 병행적 관계에 있다. 시작하는 부분과 끝나는 부분의 언어적 병행뿐만 아니라 바벨론과 새 예루살렘의 주제적 병행도 있다. 결론의 이러한 병행적 관계에 의해서 계시록 전체가 향하는 절정으로 두 개의 주제가 서로 대조적 병행으로 존재한다. 바벨론(악의 세력)의 멸망과 새 예루살렘(교회)의 영광으로 이중적 결론이다. 바벨론과 새 예루살렘의 비교는 사단의 통치와 하나님의 통치의 적대적 관계로서, 사단은 패망하고, 하나님은 승리하신다는 것이다.

4) 요한계시록의 프롤로그와 에필로그는 그 시작 부분에 있어서 언어적으로 병행을 이루고 있다(1:1-3과 22:6-9). 이것을 다음과 같이 비교해 볼 수 있다.

1:1-3	22:6-9
1. 예수 그리스도의 계시라 이는 하나님이 그에게 주사 반드시 속히 될 일을 그 종들에게 보이시려고 그 천사를 그 종 요한에게 보내어 지시하신 것이라 2. 요한은 하나님의 말씀과 예수 그리스도의 증거 곧 자기의 본 것을 다 증거하였느니라 3. 이 예언의 말씀을 읽는 자와 듣는 자들과 그 가운데 기록한 것을 지키는 자들이 복이 있나니 때가 가까움이라	6. 또 그가 내게 말하기를 이 말은 신실하고 참된지라 주 곧 선지자들의 영의 하나님이 그의 종들에게 결코 속히 될 일을 보이시려고 그의 천사를 보내셨도다 7. 보라 내가 속히 오리니 이 책의 예언의 말씀을 지키는 자가 복이 있으리라 하더라 8. 이것들을 보고 들은 자는 나 요한이니 내가 듣고 볼 때에 이 일을 내게 보이던 천사의 발 앞에 경배하려고 엎드렸더니 9. 저가 내게 말하기를 나는 너와 네 형제 선지자들과 또 이 책의 말을 지키는 자들과 함께된 종이니 그리하지 말고 오직 하나님께 경배하라 하더라

따라서 프롤로그(1:1-8)와 에필로그(22:6-21)는 각각 요한계시록을 소개하는 내용과 마무리하는 내용으로 구성되어 있다.

1:1-11 서론부	반복어	22:6-21 결론부
1:1	속히 될 일	22;6
1:3	듣는 자들은 복이 있다.	22:7, 18, 19
1:4-6	교회에게 인사, 증거	22:16
1:7, 8	속히 오리라, 알파와 오메가, 이루었다.	22:12, 13
1:9, 10	처음 장면, 결론적 장면	22:8

5) 요한계시록에는 박해를 받는 '땅에 있는 교회'와 승리한 '하늘에 있는 교회' 등 교회의 두 모습이 그려져 있다. 현재 전투하는 교회는 그리스도 안에서 환란과 나라와 참음에 참여하고 있다(1:9). 환란 중에 교회에게 요구되는 것은 인내이다. 인내하는 교회는 '이기는 자'이다(2:7, 11, 17, 26, 3:5, 12, 21). 결국에는 성도들이 사탄을 이기고 승리한다. 성도들이 죽음으로 사탄을 이기는 것은 예수 그리스도께서 십자가로 승리하셨기 때문이다(7:14). 이렇게 승리한 교회는 하늘에서 내려온 새 예루살렘으로 묘사되며, 동시에 그리스도의 신부로서 보석으로 장식된 화려한 모습을 갖췄다. 승리한 교회는 하나님이 거하시는 새 하늘과 새 땅에 있게 된다. 그들은 임마누엘 되신 하나님(21:3)의 임재를 경험할 것이다. 요한계시록에서 이런 교회의 현재적 실제(환란 가운데 있는 교회)와 미래의 영광스럽게 될 교회(승리한 교회)가 대조되고 있다. 요한계시록에서는 땅과 하늘, 현재와 미래의 관점에서 교회를 묘사하고 있다. 이것을 도표로 나타내면 다음과 같다.

본문	영역 / 관점	주제
1:12–3:22	땅(지상)	현재 – 환란 중에 있는 교회(역사적 상황) 그리스도의 초림부터 재림 사이의 교회
21:5–22:5	하늘(천상)	미래 – 승리한 교회(종말론적 상황) 절정에 이른 교회–새 예루살렘 교회

6) 이처럼 다른 특성을 지닌 두 교회는 현재 이 땅에 있는 교회가 환란을 받으며 원수들과 믿음의 선한 싸움을 싸우지만 궁극적으로는 승리하여 예수님께서 이기는 자들에게 약속하신 것을 받게 된다는 주제로 연결되고 있다. 요한계시록에는 전반부에 언급된 약속이 후반부에서 성취와 짝을 이루고 있다. 이것을 도표로 나타내면 다음과 같다.

1:12-3:22 현재(환란받는 교회)	내용	21:5-22:5 미래(승리한 교회)
1:16	그리스도의 광채	21:23
1:17,2:8	처음과 나중	21:6
2:7	생명나무	22:2
3:5	생명 책	21:27
2:11	둘째 사망	21:8
3:12	새 예루살렘	21:10
3:12	하나님의 이름이 이마에 기록됨	22:4
3:21	보좌	22:3
3:14	신실하고 참된	21:5
2:7,11,17,26,3:5,12,21	'이기는 자'에 대한 약속	21:1-22:16

7) 그렇다면 교회가 현재 환란을 당하는 이유가 무엇인가? 그 근거가 무엇인가? 바로 교회의 원수 때문이다. 원수는 예수님을 박해하고 십자가에 못 박은 실체이다. 동일한 원수가 교회도 박해하여 교회를 삼키려 한다. 요한계시록에서 원수는 삼위 하나님(하나님-어린 양-하나님의 영)을 흉내 내면서 하

나님을 사칭하는 용과 어린 양을 사칭하는 뿔 가진 짐승과 성령님을 사칭하는 거짓 선지자 등 세 실체로 등장하고 있다(12-13장). 이들은 각각 용과, 바다에서 나온 짐승과, 땅에서 올라온 짐승으로 제시되고 있다. 또한 원수를 따르면서 하나님의 종들과 하나님의 사역을 대적하는 사탄의 종들이 있다. 사탄을 따르는 자들은 참되신 하나님과 교회를 비방하는 '땅에 거하는 사람들'이다. 하나님과 원수는 다음과 같이 참과 거짓으로 대조되고 있다.

거짓	참
사탄(용)	통치자이신 성부 하나님
사탄의 형상(바다에서 나온 짐승)	하나님의 형상이신 그리스도
거짓 선지자(땅에서 올라온 짐승)	예언의 영이신 성령
하나님을 비방하는 바벨론 (땅에 거하는 자)	하나님을 예배하는 교회 (하늘에 거하는 자)

8) 이러한 거짓은 13장에서 극명하게 나타나고 있다. 그것은 요한계시록 전체에서 소개된 삼위 하나님과 여러 면에서 대조되고 있다.

원수(거짓)	내용	하나님(참)
13:1	열 면류관을 가짐	19:12
13:1	이름	19:11,12,16
13:2	능력	12:5,10
13:3,12	다시 살아남	5:12

13:4	예배	1:6
13:4	찬송	출 15:3,11,12
13:16	인	7:3,14:1
13:7,8	나라들이 따름	5:9
13:11	뿔 가진 양	5:6

결론 신약성경의 세 번째 그룹인 서신서들은 크게 세 가지 목적을 가지고 기록되었다. 첫째, 복음을 증거하여 성도들을 견고하게 세워주기 위해서이다. 둘째, 하나님의 자녀답게 살아가게 하기 위한 권면을 하기 위해서이다. 셋째, 복음을 보수하라는 이단을 경계하기 위해서이다. 이제 신약성경의 마지막 네 번째 그룹이며, 성경 전체의 마지막인 요한계시록이다.

1) 요한계시록은 복음서의 하나님 나라 성취가 이제 하나님의 나라 완성에 대해서 말씀하고 있다.

2) 요한계시록은 서신서와 연결되어 하나님의 교회에 주어질 영광을 말씀하고 있다. 그것도 세상에 대한 심판과 믿음을 지킨 자들 즉 이긴 자들에게 주어질 구원과 영광에 대해서 말씀하고 있다.

3) 요한계시록은 구약성경 창세기와 연결되어 하나님 나라의 시작이 드디어 이제 하나님의 나라가 완성이 되었다는 것이다. 에덴의 시작이 이제 에덴의 회복으로 이루어졌다는 것

이다. 하나님이 모든 창조를 시작하여 하나님이 모든 창조를 완성하셨다는 것이다. 그래서 성경 전체에서 '이루었다'는 말씀이 3번 기록되어 있다(창 2:1, 요 19:30, 계 21:6). 이것을 도표로 그리면 다음과 같다.

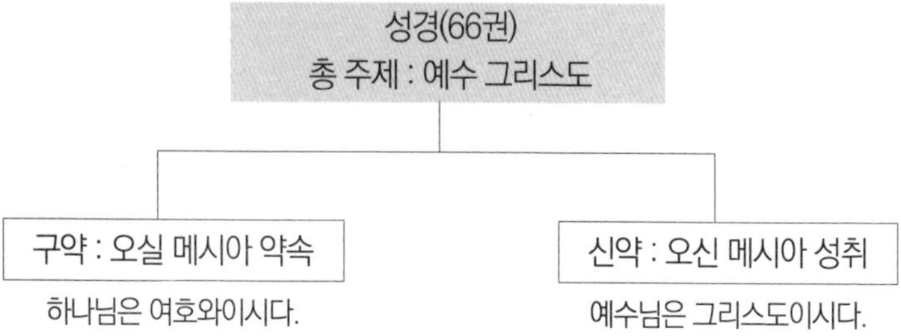

창세기 1-2장	창세기 3장 – 계시록 20장	계시록 21-22장
에덴의 창조	엉망진창인 세상, 타락과 멸망이다.	에덴의 회복

창세기와 요한계시록(처음과 끝)의 수미상관, 대칭적 구조				
창세기 1-2장	창조	⇔	새 창조	계시록 21-22장
창세기 3장	죄의 시작	⇔	죄의 종결	계시록 20장
창세기 4장	창세기 4장-요한계시록 19장 예수님의 십자가 대속으로 인한 죄의 구원 과정			계시록 19장

4) 구약성경의 네 기둥들과 신약성경의 네 기둥들을 하나님의 나라 관점으로 보면 다음과 같다.

구약				신약			
율법서	역사서	시가서	선지서	복음서	역사서	서신서	예언서
하나님 나라의 시작	하나님 나라의 발전 과정	하나님 나라 백성의 경험과 지혜	하나님 나라 백성의 실패와 새 언약의 소망	하나님 나라의 성취	하나님 나라의 확장	하나님 나라 백성의 신앙과 삶	하나님 나라 백성의 영적 전쟁과 하나님 나라 완성

5) 신약성경의 네 기둥들을 전체적으로 보면 다음과 같다.

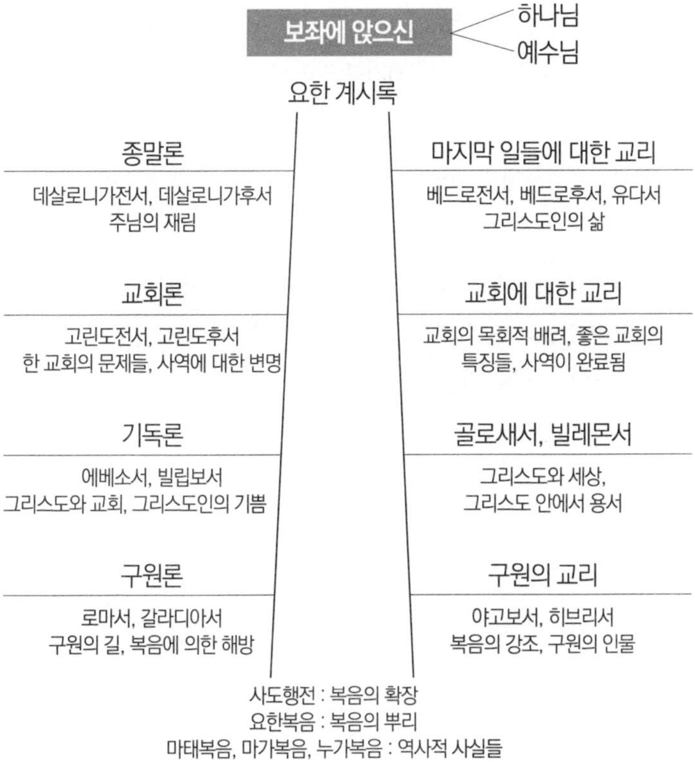

교회소개

새 시민교회로 당신을 초대합니다.

새 시민교회는 만물의 으뜸 되신 예수 그리스도 위에 세워져 삼위일체 하나님을 바로 알고 온전히 섬기는 예배 중심의 교회입니다.

새 시민교회는 성경의 정확 무오한 말씀을 믿으며, 하나님의 말씀을 실천하여 순종하기를 힘쓰는 믿음 중심의 교회입니다.

새 시민교회는 개혁주의 신학과 신앙을 강조하며, 생활의 순결을 앞세우며, 세상의 빛과 소금이 되기를 열망하는 선교 중심의 교회입니다.

새 시민교회는 현실의 문제로 고민하고, 불안과 좌절 속에 소망 없이 살아가는 이웃들에게 새로운 삶과 희망의 길을 안내하는 비전 중심의 교회입니다.

새 시민교회는 새 백성으로 새 출발, 새 마음, 새 역사를 위해 항상 문이 열려 있습니다. 활짝 열린 문으로 언제든지 오십시오. 당신을 향한 하나님의 사랑이 있습니다.

저자소개

권기호 목사는 고신대학교 신학과와 고려신학대학원을 졸업하고, 웨스트민스터신학대학원대학교에서 신학석사(Th.M)와 신학박사(Th.D) 그리고 LBU에서 철학박사(Ph.D) 학위를 받았다. 그 이후 고려신학대학원 목회대학원을 개강부터 현재까지 다년간 수학하고 있다. 박사학위논문으로는 마가복음 8:22-10:52에 나타난 예수님의 수난 예고에 관한 연구와 예수님의 고별 설교에 나타난 상호 관계성에 관한 연구가 있다. 저서로는 전도용으로 '스타신앙과 스타생활'이 있고, 설교집으로 '오직'이 있으며, 창세기에서 요한계시록까지 '성경의 이해'가 있다. 2009년부터 성경연구원을 개설하여 목회자와 평신도들에게 성경을 가르치고, 신학교에서 목회자와 신학생들에게 성경에 대해 강의하고 있다. 1992년부터 단독 목회를 시작하여 현재까지 새 시민교회에서 목회하고 있다.

저자와 연락처
T. 010-9376-5596
E. kkh4912@hanmail.net